Dr. Karl W. Bähring

DIE ANONYMEN HERRSCHER
Macht und Macher des Zeitgeistes

Karl W. Bähring

DIE ANONYMEN HERRSCHER

Macht und Macher des Zeitgeistes

DRUFFEL-VERLAG
BERG AM STARNBERGER SEE

Schutzumschlag:
Buch- und Grafikdesign Günter Herdin, München

Internationale Standard-Buchnummer
ISBN 3 8061 1106 5

1. Auflage 1996

© by Druffel-Verlag, 82335 Berg am Starnberger See
Am Kreuzanger 8
Satz: Druffel-Verlag
Gedruckt in Deutschland
Tel. 08151 / 50024

INHALTSÜBERSICHT
(Kapitel, Begriffe, Leitgedanken)

erhaltendes Mittel – Befehlsmäßiges Organisieren in allen
Bereichen – Militärische Denkungsart der Herrscher bedeutet Krieg, ausnahmslos

wenig Hände – Auswahl von Personen und Posten – Verantwortung des Einzelnen

Neuer Wohlstand, Kulturfortschritt, Besserung? – Mißachtung von Natur und Natürlichkeit – „Der politisch
mündige Bürger", Erkenntnisse von Rousseau – Länder-
herrscher gefährden die geistige Einheit des deutschen
Volkes

1. KAPITEL
WAS IST ZEITGEIST?

Was ihr den Geist der Zeiten heißt,
das ist im Grund der Herren eigner Geist,
in dem die Zeiten sich spiegeln.

Goethe, Faust

Wer redet von Zeitgeist und warum? Alle, die meinen, den Zeitgeist für ihre Absichten und Ziele gebrauchen zu können. Sie tun so, als sei der Zeitgeist eine Tatsache, ein geistiger, zumindest psychologischer Befund. Anerkannt und wirksam, unbestreitbar.

Dieses Zweckgebaren der Zeitgeistnutzer unterstellt Denkfaulheit oder Denkunfähigkeit des einzelnen Menschen. Es geht von der Annahme aus, daß mit dem Begriff „Zeitgeist" dessen Erklärung bereits gegeben sei. Eine weitere Klarstellung oder Untersuchung sei überflüssig. Der Zeitgeist sei allgemeines geistiges Gut, herrschende Stimmungslage, bestimmender Umstand!

Der Zeitgeist ist Forschungsgegenstand der Geistesgeschichte, die von „Zeitaltern" spricht. Besonders im „Zeitalter" des deutschen Idealismus und der Romantik wird der Begriff „Zeitgeist" entwickelt. Es werden darunter die Erscheinungen einer Epoche verstanden, die eine Gleichartigkeit der geistigen Haltung, des Stils, der Lebensform und Ideen offenbaren.

Der politische Zeitgeist muß wohl den Politikwissenschaftlern neben den Historikern als geistesgeschichtliches Teilgebiet überlassen werden.

Die Zeitgeistbeschwörer in der aktiven Politik wissen wohl, daß sie einen Trick anwenden. Sie tun so, als erwähnten sie nur Feststehendes, weil sie damit rechnen, daß kein politisch interessierter Zuhörer sich als unwissend hinstellen wird. Ein ebenso einfacher wie erfolgreicher psychologischer „Kunstgriff". Die Beschwörer halten sich nämlich für Künstler, weil sie mit Begriffen jonglieren und dabei einen Wissensstand dem Publikum selbst scheinbar zubilligen, den es nicht hat, aber sich scheut oder gar schämt, ein Unwissen zu offenbaren.

Diese von den Beschwörern ausgenutzte Scheu und Scham werten sie als ihren Erfolg, als Rednergabe und rethorisches Können.

Der talentierte Redner vermeidet indessen solche psychologischen Spielchen oder gibt für seine fragwürdigen Begriffe sofort eine Erklärung ab, wie er sie selbst versteht und verstanden wissen will.

Zum Begriff Zeitgeist könnte er nur schlagwortartig fallbedingt vortragen. Eine Erörterung des Begriffes „Zeitgeist" würde den Rahmen einer situationsbedingten Rede sprengen. Zeitgeist – Geist der Zeit – verlangt die Untersuchung der Begriffe Zeit und Geist.

Zeit: Sie kennt weder geistige noch körperliche noch seelische Formen oder Bestandteile. Sie ist weder Gas oder Luft, noch Wasser oder Erde.

In der Zeit lebt die Natur mit all ihren Geschöpfen und Gebilden. Mit der Zeit erfahren sie ihre Entwicklungen. Die Zeit ist für alles Leben Übergang von Gegenwart in die Zukunft, aus der Vergangenheit heraus. Jede Sekunde birgt in sich Vergangenheit, Gegenwart und Zukunft. Vergangenheit bleibt, Gegenwart vergeht und Zukunft folgt – jeden Augenblick. Diese objektive Feststellung führte zu der Annahme, daß die Zeit nicht ohne „reales Substrat", wirklichen Nährboden oder vorhandene Substanz verfließt.

Der forschende Mensch sucht für die Schöpfungserscheinung Zeit eine Erklärung und glaubt, sie durch Begriffe zu finden. Eine Regsamkeit des menschlichen Geistes, um zu bestimmen, was ihm zu erkennen von der Natur, der Schöpfung versagt blieb und bleibt – löste der Mensch die Rätsel der Natur, wäre sie in Menschenhand und damit als Schöpfung am Ende.

Jedes Lebewesen hat seine Zeit (Lebenszeit). Das ist dem Menschen bewußt. Er besitzt ein Zeitbewußtsein. Daraus begreift er auch seine Vergangenheit. Er spricht von „historischer Zeit", Zeitabschnitte in der Vergangenheit. Die Zukunft hat noch keine Geschichte. Sie ist noch nicht ‚historisch', nicht vergangen.

Die Menschen „haben oft keine Zeit". Sie hetzen und drängen. Ihr tägliches Zeitempfinden ist stimmungsabhängig, individuell verschieden. Ihr vorhandenes Zeitbewußtsein wird durch Hektik abgestumpft.

Altersbedingt schärft sich das Zeitempfinden. Angesichts des sich nahenden Endes ihrer Lebenszeit empfinden ältere Menschen, die Zeit läuft schneller. Ein klarer Irrtum, aber als wirklich empfunden. Gefühlsmäßig messen und beurteilen sie ihre Zeit. Die Irrungen ihres Zeitgefühls werden Wirklichkeit. Sie leben damit. Je nach Naturell. Die einen fröhlich, die anderen vergrämt, dritte verzweifelt. Menschenverschiedenheit. Niemand kann sie ändern

Zeitempfinden und Zeitbemessung ergeben sich aus Subjekt und Objekt. Subjekt: der Mensch, mit all seinen Veranlagungen und Neigungen. Objekt: die gleichmäßig, unverändert fortfließende, unaufhaltsame Zeit.

Das Zeitbewußtsein der forschenden Menschen führte zur Zeitbemessung. Diese ging aus der Astronomie hervor und wurde mit der Entwicklung der Uhr stetig verfeinert.

Die Philosophen sahen und sehen in der Zeit und ihrer Bemessung eines der Grundprobleme der Philosophie. Sie denken nach bis hin zu dem methaphysischen Gegensatz der Zeit (Zeitlichkeit) und Ewigkeit (Zeit ohne Anfang und Ende).

Was auch die Zeit in allen Wissenschaftszweigen sein mag: Der Mensch hat nur seine Lebenszeit, die er ordnet, erfüllt, nutzt oder auch nicht, je nach seinem Geist – aber immer nur in seiner Zeit.

Zeit als solche – ist ohne Geist.

Menschen besitzen Körper, Seele und Geist. Hegel gliederte den Geist in „objektiven", „subjektiven" und „absoluten" Geist. Der Geist offenbart sich in den menschlich spezifischen Tätigkeiten wie Sprache, Wissenschaft, Künste, Technik und Wirtschaft. Die Grundlage des Geistes ist die Denkfähigkeit des Menschen. Diese führt zum bewußten Empfinden von Geist und Zeit.

Menschen spüren einen Zeitgeist, sollen ihn spüren. Welche Menschen?

Der einfache Bürger, die demokratische Menge, das politisierende Volk? Alle sollen den Geist der Zeit, ihrer Zeit spüren und von diesem Zeitgeist erfaßt werden. Nach wessen Willen?

Wer schafft, wer bestimmt den Zeitgeist? Wer sind die Macher? Was wollen sie? Die Zeit selbst will nichts. Sie hat keinen Willen. Nur Menschen verfügen über die – ihre – Zeit mit ihrem Geist. Die Macher wollen über den Geist ihrer Zeitgenossen verfügen. Über den Geist eines Mitmenschen kann aber niemand verfügen. Er ist nicht faßbar, nicht sichtbar.

Erkennbar sind und werden nur sein die Produkte des menschlichen Geistes in Wort, Schrift, Bild, Ton, Gestaltung. Durch Betrachtung und Wertung dieser Produkte wird die geistige Leistung oder Arbeit des Produzenten erkannt. Der Betrachter erbringt dabei ebenfalls eine geistige Leistung. Er nutzt seine geistige Arbeitskraft zur Kritik.

Von seinem Produkt her wird auf den Geist des Gestalters geschlossen. Es wird gefolgert, gewürdigt, gewertet. Das Produkt wird auf den Geist zurückgeführt, der das Produkt schuf.

Eine Wiederholung alltäglicher, millionenfacher Vorgänge im Arbeits- und Wirtschaftsleben. Wegen der Vielzahl der Vorgänge – gleichartig, gleichgerichtet – wird ein Zeitgeist behauptet, obwohl nur jeder einzelne mit seinem Geist in seiner Zeit sein Produkt geschaffen hat und schaffen konnte. In einer ständigen Verallgemeinerung und Übertreibung werden die Leistungen aller als Ergebnis des Zeitgeistes hingestellt.

Das ist imponierend, das macht Eindruck. Der Geist von Einzelmenschen wird als Gesamtgeist projiziert und zum Zeitgeist gestempelt, ob für die Vergangenheit oder die Gegenwart.

Der Zeitgeist der Vergangenheit, der historische Zeitgeist, wird erforscht. Der Zeitgeist der Gegenwart wird von den Machern gestaltet.

2. KAPITEL
WER SIND DIE MACHER DES ZEITGEISTES?

*Gott hat sich von den Geschäften
zurückgezogen.*
Jacques Séguéla,
Werbeexperte

Die Macher des historischen Zeitgeistes sind in erster Linie Historiker, Geschichtsforscher. Sie teilen die Geschichte der Völker, der Staaten, der Erde, des Alls, der Menschheit in Zeitalter ein. Ordnen nach Epochen, Zeitabschnitten. Sie schaffen ein notwendiges System zum Überblick, zum Verständnis und Begreifen aller wesentlichen Erkenntnisse. Sie begründen und betreiben Wissenschaft.

Man muß schon Respekt haben, was die Historiker produzieren an Feststellungen und die Feststellungen gegenseitig kritisieren und prüfen, um die Wahrheit zu finden über die menschlichen Werke in der Vergangenheit. Ein Suchen in der Gegenwart, um Bilder über die Vergangenheit zu schaffen. Wahre, klare Bilder, wie sie jetzt – in der Gegenwart – richtig sein könnten.

Diese Arbeit – erklärbar nur aus dem Trieb des Menschen zum Wissen, alles wissen, alles richtig wissen. Keineswegs nutz- und gewinnlos. Wissen ist Macht, Macht will verwirklicht werden. Die Verwirklichung steigert das Machtbewußtsein. Die Verwirklichung heißt stetig fragen, forschen, experimentieren, aufzeichnen, drucken, verbreiten, streiten, durchsetzen, recht haben. Endlich als führend zu gelten. „Papst" auf diesem Gebiet zu werden, ist Lebenskrönung.

16

Der „Papst" der Vorzeit, der „Papst" der Antike, des Mittelalters, der neueren Geschichte. Entscheidende Erkenntnisse, führende Kommentare, unumstößliche Tatsachen, wahre Wahrheit!

Doch die Vergangenheit ist vorbei. Nahe und weite, sehr weite Vergangenheit. Wie sie wirklich war, war sie eben. Ein Lebender erlebte nur seine persönliche Vergangenheit in seiner irdischen Gegenwart. Die Zeit in ihrem Fortlauf fließt, täglich, in jeder Sekunde der Uhrzeit, der Kalenderzeit.

Aber es interessiert, was war, wahr war. Wie standen die Sterne, wird für genau so wichtig gehalten wie, wie sah die Erde aus. Wissenswert ist: Wie sahen die Menschen aus, wieviel waren es, wie alt wurden sie, wie lebten, wie liebten sie, was aßen sie, wie bestatteten sie ihre Toten, wie hatten sie sich organisiert? Was hatten sie für Waffen? Wer kämpfte gegen wen und warum? Alles, was der Mensch heute überlegt, versucht er in der Vergangenheit zu finden, aufzuspüren, um sein Weltbild zu formen, über die Vergangenheit in der Gegenwart.

Die Sterne sind (wohl) noch alle da, die Erde auch. Menschen nur in Gestalt der Nachkömmlinge. Die Vorherigen sind Staub und Asche. Vielleicht ist ein Knochen noch von der Natur konserviert. Einer wird ihn finden, diesen Rest eines Menschen. Nein – ein Mensch wurde gefunden – ein ganzer Mensch! Der Ötzi – ein wissenschaftliches Juwel! Die Wissenschaftler werden prüfen, feststellen, messen mit modernsten Mitteln. Finder, Forscher haben viel Zeit – indessen die Sterne ziehen ihre Bahnen, die Erde kreist weiter – und die Menschen vergreisen in ihrem irdischen Dasein. Das alles wissen sie – was soll da der Zeitgeist? Der hilft doch nicht über den Tod hinweg. Er hilft – nicht den Menschen, sondern den mächtigen Machern des Zeitgeistes zur Beherrschung ihrer Zeitgenossen: spielerisch, schauspielerisch, menschengemäß, machergewollt.

Zeitgeschichte – Irrsinn! Die Gegenwart hat noch keine Geschichte! Sie bietet allenfalls Geschichten. Geschichte ist Vergangenheit, erläutert von Historikern, bleibt aber Vergangenes.

Historiker der Neuzeit – von – bis? Eine gleichgültige Zeiteinteilung nach gewählten Zeitabschnitten, sogenannten Epochen. Aber Ordnung ist nützlich, schafft Übersicht im täglichen Leben wie in der Geschichte. Vernünftige Menschen wie wir waren unsere Vorfahren. Wenn man das glaubt, braucht man nicht viel mehr über sie zu erfahren. Vernünftig, mit Vernunft begabt. Ob sie Vernunft vererbt haben und ob diese vererbbar ist, wer weiß es heute? Vielleicht gelingt das Wissen mit EDV (Elektronische Datenverarbeitung oder Ende der Vernunft). Abkürzungen sind oft mißverständlich.

Die Macher wissen es. Sie predigen von der Vernunft der Menschen. Sie halten offenbar viel von den Menschen, vor allem von sich. Das ist das Großartige! Wie sie mit dem Zeitgeist arbeiten, mit allen modernen Mitteln und allen erlesenen Tricks. Sie wenden sich an die Zeitgenossen – an Tote und Ungeborene würden sie sich auch wenden, wenn es möglich wäre. So nur an Bürger, mündige Bürger, Bürger in Uniform, Bürger der Nation; die Zeitgeistmacher betreiben ihre Politik.

3. KAPITEL
DENKINHALTE UND METHODEN
DER MACHER

Dämonen darf man nicht einmal glauben,
wenn sie die Wahrheit sagen.

Gabriel Garcia Márquez,
Schriftsteller

Macher beschwören den Geist ihrer Zeit. – Sie politisieren den Geist der Zeit.

Werde Europäer, werde Bürger der Welt, Menschenrechtler, werde ..., werde .... Nur predigen sie nicht: Du vergänglicher Mensch, bleibe im Lande und ernähre dich redlich. Du hast nur eine Mutter, einen Vater und eine Heimat auf der Welt. Die Welt ist keine Heimat. Dort wo deine Eltern, deine Geschwister sind, deine Wohnung steht, wo du geboren wurdest, nur dort ist deine Heimat.

Nein, der Zeitgeist verlangt Europa, verlangt die ganze Welt in Vernunft und Ordnung.

Der Zeitgeist verlangt Menschenrechte! Dieser Zeitgeist vergißt offenbar die Menschenpflichten.

Was ist denn das – die Menschenpflichten? Ein vergiftendes, die Zeitgenossen quälendes Schlagwort? Die Macher des Zeitgeistes werden es wissen und uns Bürgern erklären.

Die Kenntnis der Vergangenheit dient der Bildung. Bildung bedeutet Selbstvertrauen, ist geistige Lebensqualität auf unantastbarem Niveau.

Man kann einem Menschen alles wegnehmen, ihn von allem „befreien", nur von seinem Wissen nicht. Es sei denn, er wird in der „Psychiatrie" sonderbehandelt.

19

Fachleute (Ärzte) können ihn zum Geisteskranken umgestalten. Persönlichkeitsveränderung tritt dann ein. Das Buch über diese meist „politischen" Eingriffe der Machthaber zum Zwecke der Persönlichkeitsveränderung in irgendeinem Teil der Erde steht wohl noch aus. Auch, ob solches Geschehen von irgendeinem Zeitgeist gedeckt oder mit ihm begründet und erklärt wird. Die Historiker werden schon solche vergangenen Zustände behandeln. Keine Angst! – Auch die Gegenwart kennt geheimnisvolles Krankwerden von wichtigen Menschen in staatlicher Obhut – wohl kaum in Europa. Aber die Welt hat fünf Erdteile, zahlreiche Staaten und noch mehr Herrscher.

Herrscher brauchen Bürger, Menge, Volk. Die Menschen wollen geführt werden. Sie sehnen sich nach Ordnung. Je mehr Menschen, je größer die Sehnsucht.

Die beste Ordnung ist für sie Wohlstand! Natürlich zuerst der eigene, dann der des anderen. Kein Vorwurf, weil menschlich seit Menschengedenken. Wohlstand verlangt Arbeit, geistige und körperliche. Warten auf Wohlstand, der von anderen kommt oder vom Staat geboten wird, ist zwar modern, aber auch gefährlich. Warten ist psychische Belastung des einzelnen und Unzufriedenheit der Menge.

Unzufriedenheit verhindert das sachliche Denken. Einseitigkeit, Verallgemeinerung oder Übertreibung der Einzelvorgänge stellen sich ein. Zeitgeist wird behauptet, beschworen, erfunden und übertrieben.

Die Macher des Zeitgeistes haben den geeigneten Boden für ihre Zeitgeistatmosphäre vorbereitet. Ihre Ansichten finden Anklang. Sie spüren, was die Menge, das Volk hören will. Sie erkennen die Stimmung der Menge. Sie nutzen die Stimmung und preisen den Geist der Menge, der im Volke „schwelt". Sie peitschen das Volk ein und auf mit Worten und scheinbarer Sachlichkeit.

Ein demagogisches, ein dämonisches System wird praktiziert. Die Macher nutzen den unzufriedenen Geist, die Unkenntnis der Menge. Sie hüten sich, von „Masse" zu reden. Sie vermeiden das Diffamierende im Begriff Masse. Der moderne Mensch bei dem neuzeitlichen Bildungsmaterial darf nicht als Masse deklassiert werden; Masse erinnert an Matsch, Mist. Nein, nein, der moderne Mensch ist Individualist, Bürger, Zeitgenosse, Geschulter, Gebildeter, Studierter, Akademiker. Er pflegt seine Eigenperson und hält diese für eine Persönlichkeit. Manchmal begreift sie sogar ihre Identität.

Die Macher des Zeitgeistes sind Psychologen, sie arbeiten mit gelernten Psychologen zusammen, lassen sich beraten. Die Macher brauchen Zustimmung. Sie brauchen Stimmen. Die mündigen Bürger sind keine Masse. Sie sind potentielle Wähler. Wählen sollen sie die Macher, die mit dem Begriff „Zeitgeist" taktieren, wissend, daß sie damit bluffen. Der Wähler darf es nicht merken.

Worin besteht der Bluff? Politiker, die Macher des Zeitgeistes der Gegenwart. Eine fast geniale Idee. Eine scheinbare Segnung der Demokratie. Die Regierenden, die Parteigrößen, die großen und die kleinen Herrscher. Sie machen in Psychologie. Sie ergründen die Volksseele – nicht die Massenseele.

Seit sich der französische Arzt Gustave Le Bon (1842 – 1931) mit der „Psychologie der Massen" beschäftigte, sind 2 Weltkriege geführt worden von Machthabern über Völker. Die Machthaber hüteten sich, von „Masse" zu reden – nein, vom Volk, vom Bürger, vom Soldaten der Nation, vom tapferen Kämpfer, vom Helden, Vaterlandsverteidiger wurde gepredigt – zuletzt vom siegreichen Heer, vom befreiten Menschen und vom Menschenrecht, dem neu entdeckten, dem Fortschritt, in Freiheit.

Nach Jahren wird der ''Sieg der Freiheit" rekonstruiert. In einer monströsen Feier. Die Völker – die siegreichen – werden an ihre toten Helden erinnert. Die Toten der anderen Seite, die geopfert wurden, erwähnt man mit gebührender Zurückhaltung. – Ach, Tausende müssen doch fallen, wenn Tausende siegen wollen.

Das ist doch der Sinn jedes reinigenden Krieges, der nicht gegen ein anderes Volk geführt wird, sondern nur gegen dessen verbrecherischen Beherrscher. So folgen Kriege auf Kriege. Trotz Demokratie, trotz Volk, trotz Freiheit, trotz Menschenrecht – trotz ..., trotz ... .

Politische Ideen und Systeme werden vernichtet, neue kommen, werden geboren und ihre Wirkung, Auswirkung führt zum Krieg – wie ehedem. Wie in der Geschichte der Menschen, Menschheit.

Der Ideenschwachsinn kennt keine Grenzen. Er sucht nur neue Formen, neue Inhalte, wie es programmatisch heißt – das Ziel unverändert: Macht.

Die Zeitgeistmacher schreien: Nun wählt uns doch. Wir wollen legal zur Macht. Nicht durch Revolte, Revolution, Bruderkrieg oder Krieg. Wir sind doch Demokraten geworden. Alle müssen es werden auf dieser Erde – alle. Wir wollen Demokratie: die Volksherrschaft (nicht Massenherrschaft). Diese Staatsform verheißt Segen für die Menschheit. Die höchste Staatsgewalt geht vom Volke aus. Mit Hilfe der allgemeinen, gleichen, geheimen Wahl. Mehr kann doch der einzelne im Staat, für den Staat, gar nicht erreichen.

Wenn das Volk nur wüßte, wer und was der Staat ist.

Da müssen doch wohl erst Staat, Staatsgrenzen geschaffen werden. Wie? Na, wie früher auch. Durch Menschen, mächtige, machtgierige Menschen. Und womit? – Na, wenn's nicht friedlich geht – mit Gewalt; mit den Inhalten von Mannesmut, Tapferkeit, Vaterlandsliebe, Treue, Verteidigung von Land und Leuten, Blut und Boden, der alten Heimatrechte, des uralten Besitzes der Urahnen, durch heiliges Urrecht.

Wenn der Besitzstand wieder hergestellt ist, kommt die Ordnung, der Frieden, das fröhliche Dasein von allein –

aber erst muß der Besitz her, dieser Urzustand der Erde, der sich nur in Millionen Jahren verändert. Der Mensch ist aber mit 70, 80, 90, 100 Jahren Staub – in der Erde. Diese Erde mit dem Staub unserer Vorfahren wollen wir. Wir wollen unseren Urahnenstaub. Wir denken nicht daran, dieses Recht aufzugeben. Gerechtigkeit muß sein. Wir haben Anspruch auf den Staub unserer Urahnen in deren Heimaterde – unserer Heimat. Das ist die Idee des werdenden Staates, des freien Menschen, des Gottgleichen. Wahrlich eine gewaltige Größe ist der Mensch – in seinen Ideen, in seiner Einbildung.

Die Größe gilt es zu pflegen, nicht nur durch Geschichte, rekonstruierte Bilder des Vergangenen, auch durch Zeitgeschichte. Den richtigen Geist der Zeit. Den haben wir erkannt. Und sollte er nicht da sein, dann machen wir ihn! Wir haben doch Geist, wir Führernaturen unter den Menschen, wir Auserwählte, vom Schicksal Begnadete, haben Körper, auch Seele, aber vor allem Geist. Der muß wirken, zum Durchbruch kommen, dieser Geist der Zeit.

Wir schaffen das, wir machen ihn, den gewünschten, von uns erdachten Zeitgeist. Wir brauchen ein Volk: seinen Geist brauchen wir nicht!

Wir geben ihn ihm. Sollte er nicht gefallen, dann rede, Volksgenosse, Zeitgenosse, Bürger, rede! Aber beachte die Grenzen und auch unsere Ideengabe. Du kannst Deine Meinung äußern. Wir pflegen Meinungsfreiheit. Aber rede von Deiner Meinung, die doch nur unsere unterstützen, stärken kann. Denn eine Meinung muß sein. Ein Volk, ein Staat, fröhliche Bürger – aber nur eine, unsere Meinung. So wird eine gesunde Demokratie entstehen. Es lebe der mündige Bürger!

Es lebe die Meinungsfreiheit, es lebe unser Staat, unsere heile Welt! Es lebe vor allem unsere Macht. Unsere Macht zum Wohle des einzelnen, des ganzen Volkes. Aber erst her mit der Macht, durch unsere Ideen und den von uns gemachten Zeitgeist.

Volk, das kannst du auf Anhieb nicht wissen. Aber du wirst den Zeitgeist spüren. Die gesteuerte Meinungsfreiheit. Das Steuer haben wir fest in unseren Händen für den Zeitgeist.

Wir Macher arbeiten ihn aus mit allen informatorischen Errungenschaften in unserer Jetztzeit. Wir nutzen die willigsten Mittel, als da z. B. sind: Unsere Wissenschaftler, Techniker, Künstler, Psychologen, Juristen, Lehrer aller Art an Hoch-, Mittel-, Volks-, Hilfsschulen wie sie der Bürger braucht. Der gesunde und kranke Zeitgenosse. Das Schicksal hat uns nun einmal verschieden begünstigt. Trotzdem sind wir alle gleich – aber nur bei der Geburt und im Tode – im Leben nicht. Im Leben gibt es Unterschiede – übersehbare. Der Einzelfall ist schon wichtig, aber in unserer übergeordneten Gesamtschau sehen wir den einzelnen nicht deutlich. Wir sehen die Gesamtzahl, die Menge. Wir rechnen mit Mengen. Wir prüfen natürlich, woher die Mengen kommen oder kommen müssen. Wir schaffen gute Übersicht. Statistiken, Berichte (Geheimberichte), Gutachten. Wir sind unterrichtet, ständig im Bilde. Im Bilde sein ist eine der wichtigsten Aufgaben. Auch im Bild bleiben und von dem Bild nicht zu viel zu verraten an andere. Wer die besten Bilder allein hat, ist Boss, ist Manager auf der Stufe zum Macher.

Wir müssen hart um unsere Bilder arbeiten, kämpfen, feilschen, intrigieren – alle wollen Bilder. Nicht nur Politiker, Machthungrige, Ideensucher, oh nein, vor allem die Medien: Presse, Funk und Fernsehen. Mit ihrer Schar von Journalisten, Reportern, Redakteuren, Moderatoren, die wie eine Hundemeute nach dem Hirsch, nach unseren Bildern, jagen.

Geliebtes Volk, alles nur für Dich, Dein Wohl, Dein Recht auf Information. Information ist in unserer Zeit alles!

Information ist Macht. Und Macht formt den Zeitgeist – den wir brauchen, um auf unsere Linie, die einzig richtige, zu kommen. In diesem Punkt sind wir unnachgiebig. Da sind wir autoritär, da werden wir, ob wir wollen oder nicht, diktatorisch.

Das ist unsere menschliche Schwäche, urtiefe Psychologie. In jedem Mensch steckt ein Diktator. Sein Wirken nur Frage der Umstände, des Zwanges, des Selbsterhaltungstriebes.

Haben nicht Psychologen erkannt, in jedem Mensch steckt ein potentieller Mörder. Es kommt nur auf die Lage an, ob er mordet. Die Psychologen sehen doch tiefer. Sie befassen sich mit dem inneren Menschen. – Das, was im Körper steckt, die Seele und der Geist. Allen Respekt, sich mit etwas zu befassen, was man nicht sieht, dessen Wirkung man nur beobachten kann. Erklärte doch ein Psychologe einem unserer Bürger, wie schwierig es sei, den inneren Menschen kennenzulernen. Fragt doch nach mehrstündiger Erörterung ein Hörer: „Herr Professor, warum kehren sie den Menschen nicht einfach um?

„Will ich, will ich, aber der Körper macht nicht mit. Doch, ich biege die menschliche Seele und den menschlichen Geist schon noch derart, als hätte ich den Körper umgedreht. Wissen Sie, da habe ich schon Mittel und Methoden – unsere Politiker haben diese ja auch – ich arbeite nicht mit Geld, nein, nein! Mit Geist, mit Zeitgeist! Wobei für meine Arbeit, zumindest für die aufgewendete Zeit, Geld schon nicht unwichtig ist.

Die richtigen Mittel und Methoden sind alles. Wir Psychologen lernen von den Politikern mehr als sie glauben, wie Lehrer von den Schülern lernen. Die Lehrer glauben es auch nicht. Lernen und Lehren bedingt sich gegenseitig; das muß man ständig beachten.

Die Führenden tun das, aber sie sprechen nicht davon. Aus Prestige, wegen ihres Nimbus. Wegen ihres Erscheinungsbildes. Ja, ja, die Bilder. Sie gehören einfach dazu. Dann noch eines. Haben Sie sich schon mal

ein Bild gemacht über eine Uniform? Sinn und Zweck,
von wem, wofür, warum? Ein Bild gemacht über Mode?
Woher, wofür, warum? Tun sie es, es ist gut für Geist
und Seele.
Die Macher des Zeitgeistes verwenden viel Zeit dafür.
Für das Uniformierte, das Einheitliche, Einförmige – bei
Körper, Seele und Geist. Ja, ja die Zeitgeistfanatiker. Die
Macher müssen die Bürger, das Volk ausrichten; in eine –
ihre – Ordnung bringen. Mit der geschaffenen Ordnung
hat man das Volk im Griff.
Einen Menschen im Griff haben heißt, ihn beherrschen. Beherrschen bedeutet, den eigenen Willen dem
anderen aufzwingen. Geschickt, getarnt, möglichst für
den anderen nicht erkennbar, unmerklich. Mit Seelen-
kunde, mit Taktik, zum Erfassen der Seele.
Diese Taktik ist das geübteste, aber wenig vom einzelnen Bürger erkannte Mittel der Politiker, der Machthungrigen. Ein psychologisches, taktisches Mittel ist die
Uniformierung des einzelnen, die zur Uniformierung des
Volkes hinführt wie eine ansteckende Krankheit.
Diese Taktik ist uralt – das wissen auch Historiker,
nicht nur Psychologen. Der Laie kann sich eine Vorstellung machen, darüber nachdenken. Er kann erkennen:
Die Taktik ist konstant. Die Mittel der Taktik sind der
Zeit und Entwicklung angepaßt. Es wird ja nicht mehr
mit Pfeil und Bogen gekämpft, sondern mit Maschinen-
gewehren, Raketen und Bomben. Man überwindet Ent-
fernungen nicht zu Fuß, man fährt oder fliegt. Es gibt ja
schließlich Flugzeuge. Freilich, die Besitzergreifung des
Bodens findet im Kampf von Mann zu Mann statt. Land-
grenzen können eben nur auf dem Boden – wenn auch
verwüstet und zerbombt – festgestellt werden. Die Länder und Staaten befinden sich auf der Erde, nicht in der
Luft. Der Luftraum darüber wird zwar dazu gerechnet.
Aber festgemauerte Grenzen hat er nicht. Aber die Herrscher sichern dann schon den Luftraum, mit Flugzeugen,

26

mit Satelliten und vielleicht eines Tages mit „Todesstrahlen" geheimer Art – wer weiß. Ordnung muß sein. Da müssen sich das Volk und die Nachbarn fügen. Sonst knallt's. So will es die Ordnung der Welt – wird dann behauptet.

Die Welt sind freilich die Machthaber. Es ist ihre Welt, ihr Volk, ihr Land. Natürlich gehört alles dem Volk. Aber die Regierenden müssen das Sagen haben. Da gibt es doch nichts zum Zweifeln, zum Aufregen. Das war so, das ist so, das wird so sein, weil alle nur Menschen sind. Menschen, die ordnen, Ordnung schaffen wollen. Mit Verstand, Gerechtigkeit und Menschlichkeit. Es sind die besten Menschen jeweils, die auf Gottes Erdboden lebten. Und wie! Eben im Kampf um Macht. Je mehr Menschen, umso mehr Kampf ist nötig, mit mehr Übersicht, mehr Information.

Die Herrscher können sich nicht mehr nur auf Taktik beschränken. Sie müssen weiter blicken. Sie werden strategisch. Sie betreiben Planung und Führung im großen Rahmen. Sie betreiben die Kunst der militärischen Kriegführung, die Feldherrnkunst.

Ein Plan wird aufgestellt, um mit System ein Ziel zu erreichen, und das Ziel heißt – wie stets – Macht! Nun macht doch schon einen Plan!

Der ist Millimeterarbeit. Zäher Fleiß ist nötig, und viele Arbeitskräfte sind erforderlich, bis der Plan (geheim wegen seiner Bedeutung) steht.

Genossen – macht schneller! Queruliert nicht herum! Arbeitet in der richtigen Richtung, die vorgegeben ist! Aber arbeitet uniform, konform, einheitlich, gleichgestimmt.

Für die Einheitlichkeit und Gleichstimmung wird gesorgt. Für Arbeit und Urlaub, Essen und Trinken, Wohnung und Vergnügungsplätze, Lohn und Rentenanwartschaft, für Kleidung und Dienstanzüge, schließlich: für Uniformen.

Jetzt haben die Mächtigen ihre Mitmenschen, ihre Zeitgenossen, das Volk in einer Reihe, in der gewünschten Ordnung. Die Marschrichtung wird durch die Bürger eingehalten. In Uniform! Und Bestechungsgelder fließen – für Uniformen.

Die Mächtigen wollen aber mehr: Sie wollen auch das Einhalten der geistigen Marschrichtung. Keine Staatsverdrossenheit, keine Politikverdrossenheit, keine Parteien- und Regierungsgleichgültigkeiten.

Das Spüren des Zeitgeistes beim einzelnen Bürger wird für sachdienlich gehalten. Der Zeitgeist muß den Bürger beseelen. Der Bürger soll sich für ihn begeistern.

So menschlich sind die Mächtigen. Sie wollen nur das Beste für ihr uniformtes Volk!

Dann gibt das Volk, der Einzelne vom Volk, auch sein Bestes. Im Ernstfall sein Leben. Im Friedensfall gibt er ja schon einen erheblichen Teil seines Arbeitserlöses. Er schafft 5 – 8 Monate im Jahr für sein Volk, seinen Staat, seine Herrscher.

Freilich merken die Einzelnen das nicht so. Sie werden doch zum Lohntütendenken erzogen. Was sie auf die Hand kriegen, zählt. Im übrigen sorgen wir Machtträger für die nötige Lebensqualität. Wir lassen jede Aufklärung zu. Durch die Medien, durch die Gewerkschaften, durch die Verbände, durch unseren Regierungssprecher.

Sie alle verkaufen unsere – der Herrscher – Aufklärung im Rahmen der grundgesetzlichen Meinungsfreiheit auf gebotene Art und Weise; zielgerichtet, wahrheitsheuchelnd und insider-informiert. Informiert – wohlgemerkt, nicht uniformiert!

Diese Hochrangigen, diese Experten, diese Fachleute, sind selbständige, reife Denker, denken in ihrem Geist. Der mag hie und da sparsam sein, aber auf jeden Fall aufgabengemäß. Für ihre geistige Arbeit werden diese Größen selbstverständlich entsprechend honoriert. Guter Lohn für qualifizierte Leistung – das ist ein ehener

Grundsatz der Gerechtigkeit. Ob es Leistung oder Amt (Posten) ist, was bezahlt wird, ist doch gleichwertig. Amt und Leistung sind schön abgestuft, wie eben Ordnung spürbar sein muß. Wie diese Größen ihre Freizeit – und bei schneller Arbeit ihre Amtszeit – für Nebenbeschäftigung nutzen, für Nebeneinkünfte, ist doch nicht zu beanstanden, oder?

Die Nebeneinkünfte werden doch versteuert. Da haben alle ihren Nutzen davon. Steuern kommen von uns allen, und alle nutzen sie. Die Regierenden verwalten sie ja nur, pflichtgemäß, zum Nutzen des Volkes. Was soll da Bedenken und Mißtrauen. An die Spitze in der Herrscherkaste kommen doch nur Könner, Menschen überdurchschnittlicher Begabung oder etwa nicht?

Freilich, es gibt Mißbrauch auch. Der Tag hat 24 Stunden – jeder muß sie einteilen nach seinen Möglichkeiten.

Wenn um 23 Uhr noch die Lichter brennen im Büro Regierender, ist das in der Regel nicht die Putzfrau, sondern der in Ruhe schaffende Amtsinhaber. Das glauben wir auch – Bürger sind doch anständige Menschen. Der Amtsinhaber braucht freilich nicht an Betriebskosten zu denken: Licht, Heizung, Personal, Material. Das wird von der Verwaltung gestellt. Unternehmer müssen das freilich selber bezahlen. Dafür können sie ja auch verdienen, was sie wollen. Und das Glücksgefühl, der Stolz, das Selbstbewußtsein: Ich, Unternehmer, arbeite mit einem Bleistift, den ich selbst bezahle. Gibt es größere Unabhängigkeit? Niemand gebietet ihm eine 40- oder 35-Stundenwoche. Wenn sie bei flexibler Arbeitszeit 70 Stunden schaffen, sind sie offenbar gut beschäftigt und verdienen gut – oder etwa nicht? Den Herrschenden ist recht, wenn Unternehmer gut verdienen. Das macht sie zufrieden und bringt dem Staat Steuern ein. Durch progressiven Steuersatz hat der Unternehmer eben viel Steuern zu zahlen. Wir setzen doch seine Arbeitszeit nicht in Beziehung zu seinem Arbeitsertrag. Was er in der Kasse hat, wurde gezählt und wird besteuert. Ob er 30 oder 60 Stunden dafür gearbeitet hat, ist doch sein Risiko. Das Steuersystem ist doch gerecht – der Arbeiter und Angestellte würde oft gern mehr Stunden arbeiten, wenn er dürfte. Aber Tarife und Gewerkschaften sorgen für Begrenzungen zum Nutzen ihrer Mitglieder. Die Funktionäre werden für diese Fürsorge bezahlt. Die Größten sicher nicht schlecht. Den Hohn, Witz oder die Ironie muß man übersehen, wenn man sich vorstellt, daß ein Funktionär oder eine Funktionärin für eine Arbeitsstunde mehr oder weniger der Gewerkschaftsmitglieder kämpft oder für eine Lohnerhöhung um 5 %, während sie selber ein Gehalt und Nebeneinkünfte von monatlich netto DM 30.000,00 bezieht. Das ist das Gesetz der großen Anzahl. 30 Millionen Steuerzahler brauchen nur 1 Mark mehr zu zahlen, und die Herrscher haben 30 Millionen. 100 Funktionäre müßten je DM 300.000,00 blechen für diese 30 Millionen Steuern.

Wenn sie aber jährlich je nur DM 360.000,00 netto haben, hätten sie dann nur noch DM 60.000,00. Ein schreiendes Unrecht bei der Funktion, bei dem Amt. Die Funktionäre hätten nur so viel oder gar weniger als die Mitglieder, für die sie kämpften. Diese Ungerechtigkeit verhindert gerade das Gesetz der großen Anzahl, mit dem Funktionäre arbeiten. Das ist Gleichheit aber keine Gleichmacherei der zahlreichen Beitragzahler.

Das ist Geist der Zeit, eine gute Zeit! Gleichmacherei ist der Geist der Uniformierung. Und gegen Uniformierung ist unser Geist.

Gegen Uniformierung haben wir funktionellen Zeitgeistmacher im Grunde nichts. Wir dulden sie. Wir sind Taktiker geworden, Strategen. Wir sind auch gebildet, belesen. Wir haben uns zwangsläufig mit Geschichte, Vergangenheit, befaßt, um für die Gegenwart zu lernen. Auch Sinn und Wirkung von Uniformierung der Menge ist uns geläufig – laßt uns demonstrieren im Arbeitsanzug!

Beachten wir unsere Geschichte. Denken wir 100, 120 Jahre zurück. 4 Generationen. Blödsinn! Zurückdenken gibt es nicht. Vorstellen ist richtig. Erinnern scheidet aus. Erinnern kann sich nur jemand, der dabei war, Vorgänge erlebt hat. Also, stellen wir uns mit unserem Denken einmal die Kalenderzeit von vor 100–120 Jahren vor. Vergegenwärtigen wir uns in Gedanken die damalige Herrschaftspolitik.

4. KAPITEL
STAATSFORM UND ZEITGEIST

Der einzig wirklich gefährliche Feind
des Menschen ist der Mensch selber.

John Irving,
amerikanischer Schriftsteller

Da war das Kaiserreich ab 1871, nach deutsch-französischem Krieg (1870–1871) das Deutsche Reich, Kaiser Wilhelm I., Reichsverfassung, Deutscher Reichstag, Bundesrat. Wandlung Deutschlands vom Agrarstaat zum Industriestaat. Gründerzeit. Die Gedanken der Menschen werden durch die Zeitumstände geprägt. Entstehung der Arbeiterbewegung. Sozialistengesetz 1878. Kulturkampf. Berliner Kongreß 1878. Sozialversicherungsgesetzgebung 1881.

Bündnispolitik: 1879 mit Osterreich, 1883 mit Italien. Rückversicherungsvertrag mit Rußland 1887–1890. Die Kolonialpolitik 1884. Die 99-Tage-Regierung Friedrichs III. (09.03.–15.06. 1888). Wilhelm II. 1888–1918, Entlassung Bismarcks 20.03.1890. Im Jahr 1900 Teilnahme an der Strafexpedition gegen den Boxeraufstand. Schließlich Spannung mit England und Frankreich (Marokkokrise). Entente betreibt die Einkreisung Deutschlands. Erster Weltkrieg 1914–1918.

Erlebt haben wir jetzigen Deutschen das nicht. Wir wissen davon, weil Geschichte gelehrt wurde in der Schule, auf der Universität, wo auch immer.

Die Mächtigen waren stets bedacht darauf, daß ihr Volk seine Geschichte kennenlernte, Geschichtsbewußtsein entwickelte. Eine vernünftige Absicht, wenn kein

32

zweckbedingtes Machtstreben damit verbunden wurde. Das aber ist eben die Frage.

Regierungen – in welcher Form auch immer – wollen und müssen herrschen, das heißt: Wollen und Tun ihrer Bürger lenken.

Die Mächtigen müssen den Willen jedes Bürgers frühzeitig beeinflussen, um ihn endlich zu bestimmen. Der Bürger soll tun, was die Mächtigen wollen, und er muß glauben: Ich, Bürger, will das! Ich handle nach eigenem Ermessen. Der Bürger muß in dieser Haltung – Gesinnung – erzogen werden.

Alle Mächtigen bemächtigen sich deswegen der Erziehung der Jugend. Um die Jugend sind sie bemüht. Sie geben vor, zum Wohle der Jugend, des Volkes. Die Wahrheit ist, zur Sicherung der Macht der Mächtigen.

Da wird von Bildung und Kultur getönt. Ein Heer von Lehrern für die verschiedensten Alters-, Reife- und Geistesstufen der Kinder und Jugendlichen geschaffen, gehegt und gepflegt. Auf die Heranbildung, Ausbildung und den Einsatz von Lehrern werden materielle und immaterielle Aufwendungen erbracht, die nur dem Ziel dienen: treue, pflichtbewußte Staatsbürger zu schaffen. Für wen und was? Für die Mächtigen und ihre Macht!

Freilich wird dem Bürger – ob Lehrer oder Schüler – vorgegeben, sie lernen in erster Linie nur für sich, zur Bildung, Weiterentwicklung, Menschwerdung – für das Leben.

Auffällig nur, daß Charakter, Anstand und Sitte keine Lehrfächer sind. Solches wird nebenbei erledigt. Im übrigen kommen diese Eigenschaften von dem Elternhaus, der Umwelt oder den Mitmenschen. Oder Kinder haben Charakter geerbt oder nicht. Gelehrt dagegen wird aber die Beziehung zwischen Männlein und Weiblein in Form von Sexualunterricht.

Eine Mißachtung menschlicher Werte und Würde im Erziehungswesen. Zeitbedingt? Oder gewollt! Das ist zu prüfen!

Zeitbedingt, zeitgeistbedingt – warum? Weil der Mensch in jeder Zeit mit den jeweils gegebenen Errungenschaften operiert, mit ihnen experimentiert, sich beschäftigt, spielt. Gewollt! Warum? Der Mensch will mehr als nur Nahrung suchen, sich fortpflanzen und verenden, naturbedingt, wie alle Lebewesen in der Natur. Er will selbst Schöpfer sein, werden, die Natur beherrschen, sie überlisten und überwinden. Er wird von einem Schöpferwahn getrieben – durch seinen Geist. In seiner Zeit – in seiner kurzen Zeit. Er wird aber nicht Schöpfer, er ist Geschöpf. Ein winziges Geschöpf des Schöpfers, des Alls, der Natur. Er ist ein Nachahmer. Ein kleiner Wurm, der denken, sprechen kann und sich für das Größte hält.

Da standen zwei Macher oder solche, die sich für Manager hielten. Sie philosophierten über Gott und die Welt. Andere Menschen arbeiteten, erfüllten ihre tägliche Pflicht, freuten sich auf die Mittagspause und werkelten für ihren Lohn, um sich und ihre Familien ehrlich zu ernähren. Brave Bürger.

Einer tritt an die diskutierenden Macher heran. „Wollt Ihr nichts Nützliches tun, statt hier rumzustehen und zu quatschen?"

„Schweig, Wurm, wenn Götter reden", tönten die Macher.

Der Bürger zuckte zusammen, drehte ab und ging an seinen Arbeitsplatz.

„Siehst Du", lachten die Macher gegenseitig. „Du mußt nur Größe behaupten, wenigstens Dich als Halbgott gerieren, und schon kriechen die Menschen zu Kreuze."

„Gute Erkenntnis, aber wer macht das Kreuz, zu dem die Menschen kriechen?"

„Wir! Unser gemachter Zeitgeist wird des Menschen Kreuz! Das Kreuz – ein Kreuz! In der Geschichte. Uralt. Die Historiker kennen es. Dieses Symbol des Christentums auf Grund der Kreuzigung Christi. Auch als außerchristliches, religiöses Zeichen ist das Kreuz bekannt. Verschiedene Formen des Kreuzes entstanden: das lateinische und das griechische Kreuz, das russische Kreuz, das Johanniter-(Malteser)-Kreuz."

„Gut, gut – aber wo bleibt das Hakenkreuz, unter dem oder wegen dem unbeschreibliches Elend die Welt überflutete? Da waren doch die Kreuzzüge aus jetziger Sicht eine Kleinigkeit."

„Ob die Beteiligten die Züge als Kleinigkeit empfanden, ist wohl zu verneinen. In ihrer Zeit bei der Zahl der Erdenbewohner war es doch wohl ein weltbedeutendes Drama. Ein Elend ohne Atomwaffen. Ein zeitbedingtes Unheil. Aber der Zeitgeist wirkte."

„Die Prediger der Kreuzzüge, die Macher des damaligen Zeitgeistes – bekanntester Bernhard von Clairvaux – riefen die Heerscharen auf. Diese sammelten sich und nahmen das Kreuz als Kreuzfahrer oder Kreuzritter auf sich, um Palästina der europäischen Christenheit zu gewinnen. In edler Absicht: Anderen Erdenbewohnern die Kreuzzug-Denkweise, -Gesinnung, -Religion zu stiften. Die alte, menschliche Zielrichtung!"

„Herrschen mit Hilfe der geistigen Beeinflussung. Politik! Ihre Verwirklichung, Versuche der Verwirklichung bei den Kreuzzügen:

Erster Kreuzzug 1096–1099,
   Gründung des Königreichs Jerusalem.
Zweiter Kreuzzug 1147–1149, erfolglos.
Dritter Kreuzzug 1189–1192,
   Friedrich Barbarossa ertrinkt 1190.
Vierter Kreuzzug 1202–1204,
   Lateinisches Kaisertum in Konstantinopel.
Fünfter Kreuzzug 1228–1229,
   Kaiser Friedrich II. erhält durch Vertrag Jerusalem (ab 1244 aber verloren).
Sechster und Siebter Kreuzzug, 1248–1270,
   unter Ludwig IX. von Frankreich, erfolglos.

Was für Not, Elend, Greul."

„Geschichten und Geschichte – Menschenwerk, Machermacht, Zeitgeist. Die natürliche Zeit floß und fließt ungerührt. Tag und Nacht."

Menschen und Macher kamen und vergingen, ihr Zeitgeist mit ihnen. Doch die Nachwelt gewinnt Geschichte, von der Wissenschaftler, Historiker Nutzen, geistigen und baren, ziehen.

Ein richtiges menschliches Treiben, seit ehedem. Warum auch nicht! Es geht nicht anders. So ist eben die Lebensweise und -weisheit der Menschen. Jedes Wort wäre überflüssig. Leben braucht das Streben nach Wissen, Wahrheit unter den Menschen für die Menschen.

Nur einmal sollte der einzelne diese Daseinswirklichkeit erkennen, für sich allein, zu seiner inneren Festigung und Sicherheit, zur Erhebung und Erhabenheit seines reinen Geistes, zur Formung seiner Gelassenheit, Bescheidenheit und seines Charakters – nur einmal dieses Spiel der Mächtigen durchschauen und nicht mitspielen. Aber ..., der Zeitgeist der Macher erfaßt selbst die Kinder.

Knaben veranstalteten die Kinderkreuzzüge im 13. Jahrhundert (1212) in Frankreich und Deutschland. Die Teilnehmer kamen vor Erreichung ihres Zieles zum Teil um.

Die natürliches Zeit blieb ungerührt. Die Historiker hatten ein geschichtliches Thema mehr. Die Zeitgeistmacher sind alsbald verstorben.

Das Leben ging weiter – wie nach den Kreuzzügen – so nach dem Ersten Weltkrieg. Der Kaiser – zu Kriegsbeginn: „Ich kenne keine Parteien mehr, ich kenne nur noch Deutsche", setzte sich am Kriegsende nach Holland ab.

Die Fürsten dankten ab. Die Matrosen meuterten. Die Republik wurde in Berlin am 09.01.1919 ausgerufen. Eine Regierung der „Volksbeauftragten" wurde unter Ebert gebildet.

Die Geburtswehen der Republik werden überwunden. Die Weimarer Nationalversammlung schaffte eine Verfassung durch Parlamentsbeschluß (11.08.1919). Ebert wird Reichspräsident der Weimarer Republik – des Zweiten Reiches. Das Zweite Reich haben viele gegenwärtige Deutsche noch erlebt. Es ist deutsche Geschichte geworden. Der wirtschaftliche Verfall war wohl unvermeidlich – Inflation. Zunehmende Verelendung nicht zuletzt durch Reparation an die Ersten Weltkriegsgegner. Wachsende Arbeitslosigkeit. Die Zeitgeistmacher in allen Ländern blieben am Wirken und Werkeln. Der Volksgeist gebietet Widerstand. Das parlamentarische System wackelt. Es kriecht zu Kreuze, muß zeitbedingt zu Kreuze kriechen – zu welchem Kreuze? Zum Hakenkreuze!

Das Dritte Reich unter Hitler und dem Hakenkreuz wird geboren – legal. Das Volk sah Licht im Kreuz und den alten Farben schwarz – weiß – rot. Es sah nicht die Haken, an denen es und die Welt eine Weile aufgehängt wurde. Das Hakenkreuz, ein uraltes Symbol, als Sonnenzeichen gedeutet, nachgewiesen seit der Steinzeit. Auf Waffen, Münzen der Merowinger und Karolinger. Symbol der Tempelherren, glückbringendes Hauszeichen. Vorkommen in Indien (Sanskrit, Swastika). In Deutschland vor dem Ersten Weltkrieg Kampfzeichen völkischer Gesinnung.

Die Zweckmäßigkeit von Symbolen machte sich der Zeitgeistmacher des Dritten Reiches Hitler zu Nutze. Das Hakenkreuz wurde Hoheitszeichen. Das einst harmlose Sonnenzeichen aus Kreuz und Haken wurde zum entscheidenden Mittel psychologischer Volksbeherrschung ausgebeutet. Ein gewaltiger Trick, der bis zum Untergang, Selbstmord des Tricksers hielt.

Erinnern wir uns, die das Dritte Reich überlebten, der Wirkung des Hakenkreuzes als Symbol, als Hoheitszeichen. Der gestraffte alte Reichsadler trug es in seinen

Klauen, sich seiner Wirkung auf Funktionäre und Staatsvolk bewußt. Die meisten Funktionäre kamen aus dem Volk und waren wenig kritisch, wenn nicht sogar begeistert, entgeistigt.

Die Symbolwirkung erfaßte sie. Ein Hakenkreuz hakte in das andere, wurde zur Hakenkreuzkette um das Volk. Das Volk empfand weder die Haken noch die Kette. Es fühlte sich auferstanden aus dem Elend der Weimarer Republik.

Die Kraft des Symbols wurde demonstriert mit Mann und Maus, mit Kind und Kegel. Organisierte Aufmärsche, Fahnenmeer, Trommelwirbel, Fanfarenklänge, Uniformen, Kommandos, Deutscher Gruß. Rechter Arm gerade empor gestreckt, Fingerspitzen in Augenhöhe, Blickrichtung auf den Grußempfänger – ob Mensch oder Fahne. Ernster Gesichtsausdruck. Jeder bekam sein Hakenkreuz, wenn für würdig befunden. Das waren schließlich alle arischen Deutschen. Im Familienbuch wurde beurkundet: Deutschblütig.

Die anderen wurden selektiert, ausgesucht, konzentriert, konzentrationsgelagert. Die Welt wunderte sich, bewunderte und schwieg.

Die Deutschen bekamen Arbeit und Brot. Die Arbeiter der Stirn und Faust!

Arbeit adelt! Arbeit ist die beste Therapie.

Die „Auferstehung Deutschlands" wurde durch Uniformen getragen – Sturmabteilung, Sturmstaffel, Kraftfahrkorps, Reitersturm, Hitlerjugend, Jungvolk, Bund Deutscher Mädchen, Frauenschaft. Jeder und jede die gleiche Uniform – mit Ordnungs-Rangabzeichen. Schnüre, gold, silber oder farbig. Am vorgeschriebenen Platz das Hakenkreuzabzeichen. Abzeichen für jede Gliederung geschaffen – gekonnt, durchdacht, artgemäß! Die Welt, die Grossen der Welt staunten – sie staunten untätig – auch als die Uniform ihren Höhepunkt erreichte in der Wehrmachtsbekleidung.

Der traditionelle Aufbau von Heer, Marine und Luftwaffe. Hakenkreuzabzeichen an Dienst-, Ausgeh-, Parade-, Gesellschaftsanzug – und höchst raffiniert der Führer – schlicht, in brauner Parteiuniform, ohne Rangabzeichen, nur das Eiserne Kreuz erster Klasse als Erster Weltkriegsgefreiter, Verwundetenabzeichen und goldenes Parteiabzeichen, Hakenkreuzarmbinde und einfache Dienstmütze.

Seine von ihm gekürten Generale, Admirale und der Reichsmarschall sahen strahlend bunt neben ihm aus. – Aber niemand beachtete sie, alle sahen nur ihn. Er wußte und wollte das. Seine propagandistische Bescheidenheit mit vollendetem Geschick verfehlte nicht die gewollte Wirkung. Auch auf die Großen der Welt, die ihn besuchten. Wie mußte erst die Wirkung auf die kleinen Leute seines Volkes sein?

Das Volk marschierte und schrie: Heil! Heil! Heil! Die Volksgenossen trugen ihr Hakenkreuz. Am Rockaufschlag, am Schlips, aber sie trugen es. Sie grüßten die Fahnen – rechter Arm gerade gestreckt, Fingerspitzen in Augenhöhe, Blick auf die Fahne mit Hakenkreuz gerichtet.

Ein unbegreifliches Geschehen – Disziplin? Überzeugung? Nach außen dieses Bild – kein Zweifel! Ein innerer, ein heimlicher Widerstand? – Nicht erkennbar! Alles Organisation! Nur Organisation? Menschenwerk? Diktatorenwahnsinn?

Die Diktatur des Zeitgeistes des Dritten Reiches war perfekt, gekonnt, gelungen! „Führer befiehl, wir folgen Dir!"

Mentalreservation – stiller, nur in Gedanken gemachter Vorbehalt – ist kein Widerstand, ist unerheblich. Widerstand muß sichtbar, erkennbar sein.

War er es, wurde er gebrochen, wird gebrochen – von allen Herrschern, von jedem, den Widerstand stört. Nur die Methoden sind verschieden, zeitangepaßt. Der Staatsmann geht zum Brechen des Widerstandes andere, diplomatischere Wege als ein Mafia-Boss. Aber beide wollen Widerstand brechen und brechen ihn, jeder auf seine Weise. Die Machtstellung gebietet das. Jeder hat seine eigenen Mittel. Der eine seinen Geheimdienst, seine Gerichte, der andere seine Killer – aber eines haben sie gemeinsam: Sie erledigen die Geschäfte nicht selbst. Sie lassen sie erledigen. Es wird eliminiert, entfernt, ausgeschieden. Eine störende Größe in der Machtrechnung wird durch eine Rechenoperation beseitigt. Herrlich! Menschlich! Die Sprache wird genutzt. Andersrassige, Widersprechende sind Verbrecher, nicht Mitmenschen, zu bekehrende Kritiker! Nein – fluch-und todeswürdige Schmarotzer am Volkskörper, Verräter am Volk.

Der Gangsterboss spricht vom Verbrecher an der eigenen Sache, am Geschäft und befiehlt: Umlegen! Die Killer sind schon unterwegs!

Wer regt sich auf? Alle! Wer ändert etwas? – Keiner! Menschenwerk! Seit wann? Seit es Menschen gibt! Oder?

Die Sprache wird auf die Beherrschung des Volkes ausgerichtet. Die Begriffe werden bestimmt und zielgerichtet erläutert. Leicht begreiflich für alle sozialen Schichten. Die Verherrlichung des eigenen Volkes der Herrscher hat Vorrang. Das muß glaubhaft werden – denn die wirklichen Herrscher brauchen die willenlose, hörige Volksmenge. Sie sind Menschenverächter. Ihr Wille hat zu geschehen. Was sie wollen, halten sie für richtig. Der Einzelne muß diesen Willen als seinen empfinden und danach handeln. Er kann nicht anders. Der Herrscherwille ist angekommen, das Volk hat ihn ergriffen, und das Volk erfüllt nun den Herrscherwillen als sei es eigener. Die Macht des Herrschers über das Volk durch Willensübertragung ist gelungen, ist perfekt.

Die Geschichte kennt diese Erscheinung – im großen wie im kleinen.

Solche gewaltigen Herrscher sind selten, werden selten bleiben, aber in der Menschheitsgeschichte nicht ausfallen.

40

Die Herrschersprache ist eine raffinierte Scheinheilig-
keit. Alles, was die Beherrschten diffamieren – geistig
oder gefühlsmäßig – könnte, wird vermieden. Die Menge
wird gelobt. Ihre positiven Eigenschaften angesprochen.
Jeder Mensch verfügt ja wohl auch über gute Eigenschaften, was gut auch heißen mag. Auch „gut" ist in den verschiedenen Zeitabschnitten nicht der gleiche Wert. In der
Herrschersprache gibt es kaum Bürger. Sie sind eine
Volksgemeinschaft, Volksgenossen, Kameraden, Brüder
und Schwestern. Sie sind nicht etwa Untertane, Befehlsempfänger, Her-
de, Masse, Objekte. Sie sind jeder einzelne ein Subjekt,
ein selbständiger, willensstarker, tüchtiger Kämpfer –
Kämpfer für ihr Volk und Reich.

Diese vom Herrschenden gepredigte Wertvorstellung
führt beim Einzelnen zur Verkennung seiner wahren
Bedeutungslosigkeit, seiner Bestimmbarkeit, trotz seines
Selbstbewußtseins. Er wird unwissentlich, unbewußt ein
willfähriges Herrscherobjekt, glaubend, ein selbstbestim-
mendes Subjekt zu sein. Der Einzelne, der seine Beherrscher meist nie persönlich sieht und erlebt, wird von ihnen durch propagandistische Willensübertragung beherrscht, gnadenlos in Herrscherrichtung geleitet.

Die Stationen der Willensübertragung vom Herrscher
zum letzten Volksgenossen sind Schaltstellen, die mit
Hörigen des Herrschers besetzt werden. Sie sind kleine
Herrscher, erkennbar, pflichteifrig, gehorsame Knechte
ihres Herrn. Sie wissen, daß sie ihre Stellung dem Herrn
verdanken und richten sich danach. Intrigieren oder sa-
botieren sie, glauben sie, mit dem Willen des Herrschers
nicht mehr übereinzustimmen oder den Herrscher zu
Fall bringen zu können, gehen sie ein Risiko auf Leben
und Tod ein. Auch solche Menschen gibt es. Meist in der
nahen Umgebung des Herrschers. Diese Menschen erkennen, daß der Herrscher kein Denker, sondern ein Beses-
sener ist. Besessen von seinen Vorstellungen, Glauben,

ob Logiker oder nicht, Philosoph oder nicht. Seine Vorstellung und sein Glaube sind die Ursachen und der Anlaß seiner Taten. Denken und Scharfblick führt zu Zweifeln, zur Untätigkeit. Dieser Zustand aber kommt für den Herrscher nicht in Betracht.

Die Herrscher sind reizbar mit jedem Widerspruch, werden nervös, halb verrückt bis an die Grenze des Irrsinns, wenn einer ihren Zielvorstellungen entgegentritt. Die Herrscher dulden keinen Widerspruch. Widersprechende treten daher nicht offen auf. Sie können nur heimliche Fäden spinnen, um ein Fangnetz oder einen Fallstrick zu flechten. Ihr Risiko: Daß sie sich verstrikken und selbst untergehen oder untergegangen werden. Die Hörigkeit des Volkes ist so gut wie die Schaltstellen besetzt sind. Besetzt werden sie mit Knechten des Herrschers. Er gibt ihnen Ansehen, Rang, Amt und Orden und schließlich auch seinen – nur seinen – Willen.

Seinen Willen, der dann eines Tages Krieg heißt. Machterweiterung zum Wohle des Volkes, seines Volkes – der Irrsinn, der Wahnsinn nimmt seinen Lauf! Die Opferbereitschaft seines Volkes wird erprobt. Das Volk beginnt den, seinen Opfergang.

Es opfert und wird geopfert! Die Bekenntnisse der Herrscher vor dem Opfergang ihrer Völker ähneln sich, wie sich Herrscher eben auch ähnlich sind.

Wir sind ein Staat, ich bin der erste Diener des Staates. Ich kenne keine Parteien mehr, ich kenne nur noch Deutsche. Ich habe den grauen Waffenrock angezogen. Ich bin der erste Soldat des Volkes.

Aber ein Herrscher sagte auch einmal: „Varus, gibt mir meine Legionen wieder!"

Der Varus, der Befehlshaber der römischen Legionen in Germanien war, hatte sich in verlorener Schlacht im Teutoburger Wald in sein Schwert gestürzt. Sein Freitod war aber schon im Jahre 9 n. Chr. – historisch – interessant. Aber wen interessiert es heute, daß die Schlacht

Germanien auch vor der Romanisierung bewahrte. Die kam Jahrhunderte später auch ohne Schlacht. Alles braucht seine Zeit.

Heute würde eine solche Schlacht von der Welt im Fernsehen betrachtet. Was waren die Römer seinerzeit rückständig. Lassen die sich von Armin, dem Cherusker, in ein Sumpfgelände locken und in 3 Tagen abschlachten. Im wahren Sinne des Wortes. Es gab weder Gewehre noch Kanonen. Die Menschen töteten eigenhändig. Die Kämpfer mußten sich abschlachten, gegenseitig. Das Wort Schlachtfeld war der Platz des Tötens. Heute wird nicht mehr geschlachtet – „aber wen's betrifft, ja der ist tot". Die Soldaten „fallen im Kampf, im Felde". Die Psychologie der Sprache ist nicht ohne Ironie. Deswegen bleibt Sprache so lebendig.

Lebendig war die Sprache zu jeder Zeit. In welcher auch immer und in welchem Reich auch immer. Im für Deutsche Dritten Reich war sie eine Propaganda-Leistung. Auch mit der Sprache kämpften die psychologischen Kriegsführer zu jeder Zeit. Die Lüge ist besonders durch Worte möglich, aber auch durch Tun, Täuschung. Klassisches Beispiel: Das trojanische Pferd. Diese Täuschung fand in der Frühzeit statt – nicht Morgenstunde – sondern weit vor Christi. Historische Listen bleiben lange bekannt, nicht nur bei Historikern. Manchmal gehört solche Kenntnis zur Allgemeinbildung, so sie noch gefragt ist.

Die List mit der Sprache ist die Lüge, die nicht auf Anhieb erkannt wird. Diese Sprachlist ist weit verbreitet. Sie hat sich eingebürgert. Sie tut weh dem, den sie betrifft. Vermutlich soll sie das auch zur Freude des Lügners.

Die Lüge als Machtmittel ist Herrscherwille, Funktionärsfunktion. Nicht nur in der Jetztzeit, schon vorher, von Anfang der menschlichen Gruppenbildung an. Es kann nicht anders sein, es sei denn, die Menschen waren einst besser in Seele und Geist! Denken wir nicht weiter darüber nach. Es scheint sowieso unnatürlich.

Wir sind bei dem Zweiten Weltkrieg im Dritten Reich der Deutschen. Die Literatur über die Ursachen, Anlaß und Schuld dieses Krieges füllt Regale. Die Historiker aller Länder und Schattierungen haben Material. Das letzte im Jahre 2017, wenn die Akten Rudolf Hess offengelegt werden sollen. Wen interessiert das heute schon?

Die Weltkriegstoten: Soldaten, Zivilisten, Frauen und Kinder. Die Kriegsopfer werden mehr oder weniger geehrt. Aber gestorben sind sie alle umsonst. Die Angehörigen müssen mit dem Schicksal fertigwerden. Wen kümmert's wirklich? Wer hat vor einem Krieg schon an die Opfer gedacht?

Hitler und seine Trabanten dachten an Macht durch Kriegssieg. Die anderen Herrscher ebenso. Kein Unterschied. Opfer, Tote sind zwingend Machtrisiko, das die Völker zu tragen haben, unvermeidlich seither! Ob sich das je ändern wird? Wohl nicht, keine Anzeichen einer Änderung sind zu erkennen.

Hitler's Paladine fragten: Wollt ihr Kanonen statt Butter? Das propagandistisch ausgerichtete, uniformierte Volk antwortet: Kanonen, Kanonen! Es bekam sie. Der ehemalige Gefreite des Ersten Weltkriegs ernannte Feldmarschalle, Generale, Admirale, Generalstabsoffiziere und erteilte oder stiftete Orden: Großkreuz, Ritterkreuz, Eisernes Kreuz, Kriegsverdienstkreuz. Auszeichnungen, Abzeichen. Mannestum, militärischer Führungserfolg, Tapferkeit wurden sichtbar gemacht an Uniformen. Andere Herrscher taten gleiches. Der Zeitgeist wurde gestaltet. Für alle Richtungen der Politik. Nach innen und außen. Nach außen – Bündnisse, Achsen: Berlin – Rom; Berlin Madrid; Berlin – Moskau; Berlin – Tokio.

Nach innen: Ermächtigungsgesetz, Nürnberger Gesetze und ..., und ..., und. Führerwille war Gesetz! Der Führer formulierte seinen Willen, in Wort oder Schrift, und

die Vasallen setzten den Willen in die verwaltungsrecht-
lichen Normen um – Juristen waren dabei am Werk. Minister, Parteifunktionäre, Militärs gehorchten und voll-
zogen. Das Volk wurde an Vollzug gewöhnt. Die Sprache war befehlsmäßig. Der Ton bestimmt, der Gehorsam
sicher.

Ein Gleichklang der Seelen – eine Marschrichtung des
Volkes. „Die erschossenen Kameraden marschieren im
Geiste mit"

Die Menge sang, fühlte so – vielleicht dachte sie auch
nichts mehr – der Gleichschritt in sachlicher und geistiger
Uniform vertreibt das Denken. Bewegen des Körpers verlangt eben nur den Willen, sich zu bewegen. – Bewegung
ist alles! Die Bewegung! Hitler sorgte für sie! Und wie!

Gebt mir 4 Jahre Zeit! – Er bekam 3 x 4, 12 Jahre –
und was bewegte er?

Abschaffung der Parteien. – Es gibt nur eine Partei. –
Die führt er! Der Führer!

Abschaffung der Gewerkschaften. Es gibt nur eine
Arbeitsfront. Die Arbeit. die der Führer sehen will und
die Front, die er festlegt. Also:

Autobahnen, Volkswagen, Volksempfänger, Volksauf-
marsch, Volkshymne, Volk ..., Volk ..., Volk.

Volksheer, Wehrpflicht des Volkes! Dienst! Arbeits-
dienst! Er ist stets der Oberste von allem! Führer! Reichs-
kanzler! Eben alles!

Alles bei einem 24-Stundentag! Die Paladine tanzen,
wollen gefallen, ihm und sich! Das Volk will seinem Führer gefallen, ihm und sich, und am Ende fällt er und es!

Nur 3 x 4 Jahre und die Bewegung ist tot! Mausetot!
Fort – einfach nicht mehr da, wie noch nie dagewesen!
Ein Phänomen des Zeitgeistes, der ungewöhnliche Zu-
stand eines Führerstaats erloschen. Ruinen, Asche, Not,
Verzweiflung, Elend bleiben zurück.

Der Zeitgeist dieser 12 Jahre war nur für die 12 Jahre
typisch, verstehbar, erklärbar aus dem Wesen des Dikta-

tors! Die Herrschaft eines ungewöhnlichen Menschen. Die Historiker, Politiker, Mediziner, Theologen, Philosophen und wer sonst mögen erklären, was sie unter „ungewöhnlich" verstehen. Er war doch auch ein Mensch. Das Volk war dem Ungewöhnlichen des Menschen Hitler erlegen. Er hatte ihm seinen Willen aufgezwungen. Er hatte die Eitelkeit des Einzelnen wie der Menge erfaßt, genutzt und uniformiert. Ein System der menschlichen Geltungssucht wurde dosiert im Volk, für das Volk. Er verteilte kleine Portionen, mit denen die Volksgenossen umgehen durften. Bei falschem Verwalten der Portionen nach seinen Vorgaben nahm er die Portion weg. Der General wurde versetzt in unschädliche Position, vielleicht auch in den Ruhestand oder gar eliminiert. Gleiches bei Parteifunktionären. Begründungen fanden er und seine Paladine stets. Dabei dienten als Wertungen bekannte Begriffe wie: Verräter, Feigling, abnorm Veranlagter, Volksschädling. Eine Moralbetrachtung wurde dem Volk geläufig gemacht. Sie setzte auch bei bekannten Begriffen an: Anstand, Kameradschaft, Sitte und Ehre. Ganz logisch. Das Volk war anständig, es achtete auf gute Sitten und seine Ehre. Keine tönenden Worte. Simpel, verständlich, ergreifend. Eine deutsche Frau raucht nicht. Ein deutscher Mann ist nicht schwul. Kameradendiebstahl ist todeswürdig, wie Feigheit und Sabotage. Das Volk wurde überzeugt, daß diese Wertungen unverzichtbares Gut eines Deutschen sind.

Das war die Atmosphäre des Zeitgeistes, der das Volk ergriffen hatte. Ob es davon „beseelt" war, ist eine ebenso interessante wie theoretische Frage. Der Einzelne besitzt Seele, eine Menge, ein Volk als solches nicht. Aber es kann zum Handeln, zum Bewegen gebracht werden, wie aus einer Seele, dem Zeitgeist.

Dieses „wie aus einem Geist" ist das Suggestivbild der listigen Zeitgeistmacher. Das will gekonnt sein. Es sind in der Menschheitsgeschichte nur wenige, die diese Ausstrahlung, die Gabe besaßen, dieses „wie aus einem Geist" für ihre Zeit zu gestalten. Ohne Frage – Hitler muß einer davon gewesen sein. Ob ein kranker, verrückter Mensch oder nicht! In seinen 12 Diktatorenjahren bewegte er die Welt, nicht nur das deutsche Volk. Er schuf eine gigantische Organisation, rücksichtslos bis brutal, und das Volk glaubte, er tut es für uns. Dieser ungewöhnliche Mensch mag sich das auch vorgestellt haben. Aber er war die Inkarnation des Egoismus. Er tat jedes und alles nur für sich. Als sein Egoismus keinen Erfolg mehr bringen konnte, gab es für ihn nur den Freitod – Selbstmord. Auch dieser Abgang ist Propaganda wie Phänomen. Der Diktator ist bis zuletzt auf Wirkung aus. Er heiratet noch seine Eva. Er schreibt sein Testament. Er ernennt seine Nachfolger, die die Kapitulation erklären, er kapituliert nicht, er bringt sich um, den Eindruck offenbar wollend: Ich gehe in den Tod als Soldat, erster Soldat meines Volkes! Seine Frau stirbt mit ihm. Heute bezeichnet man eine Frau in solcher Position als „First Lady"!

Schluß mit einem Phänomen. Durch einen Pistolenschuß. Da war er 56 Jahre alt. Phänomen? Produkt der Weimarer Republik? Politischer Egoist? Zeitgeistmacher jedenfalls – ohne Zeit kein Zeitgeist – ohne Weimarer Republik kein Hitler.

Von seinem 44. bis zum 56. Lebensjahr vollbrachte dieser Ungewöhnliche Ungewöhnliches. Er glaubte, diktatorisch Notwendiges zu schaffen, als er beschloß. Politiker zu werden.

Er schuf den „Deutschen Gruß"! Ein viel unterschätzter Psychotrick! Heil Hitler! Jeder Gruß für Hitler's Heil! Millionenfach! Täglich! Als Briefabschluß, auf der Straße, am Arbeitsplatz! Selbst wenn eine gewisse Mechanik eintrat, der Schein der gleichen Denkweise unter den Volksgenossen wurde demonstriert wie eine Lichterkette! Auch ein Dauerschein wird Wirklichkeit und erzeugt Wirkung.

Er iniziierte die Hitler-Spende. Die Spitzenverbände der deutschen Wirtschaft zahlten in einen Fonds zur Ermöglichung des nationalen Wiederaufbauwerkes! Winterhilfswerk! Appelle an die Hilfsbereitschaft der Volksgenossen.

Männer und Frauen des Dritten Reiches sollen spenden – freiwillig – Sachen und Geld geben für ärmere Volksgenossen. Spenden als Produkt der politischen Macht.

Die Spenden blieben im Reich für's Volk – unzweifelhaft. Vielleicht haben sich einige bereichert. Menschen sind nicht fehlerfrei – aber das Risiko war groß – Bereicherung daher selten. Die Todesstrafe schreckte sicher ab.

Lästiger Hitlergruß! Lästiges Sammeln! Doch gesagt hat das keiner. Selbst wenn es viele gedacht hätten. Haben sie es gedacht? Verhinderte solches Denken nicht schon der propagandistische Zeitgeist! Die geistige Uniformierung, gekonnt durchgeführt, mit Symbolik! Mit der Nationalhymne. Sie erhält einen Zusatzvers und -ton. Die Fahne hoch! Ein Kunstmaler in S. hatte eine zündende Idee. Seine Straßen- und Gebäudebilder, gekonnt gemalt, blieben „Ladenhüter". Wer kaufte schon solche Motive und noch von einem Einheimischen. Ein Haus, eine Häuserfront, eine Marktansicht, eine Kirche, eine Straße, Stadttore – seit 1923 hatte er wohl 200 Bilder gelagert. „Sollen meine Erben damit ein Geschäft machen."

Dann kam 1933, die Hakenkreuzepoche. Der Maler erkannte die Stimmung: Die Fahnen hoch! Er nahm seine Ladenhüter und malte geschickt – künstlerisch wertvoll – Hakenkreuzfahnen an die Häuser, auf die Dächer, flatternd aus Kirchenfenstern und auf Stadttortürmen. Passend – als wenn sie so von Anfang an geflattert hätten. Die

Bilder gingen weg wie warme Semmeln zu Preisen, vom Maler nicht erträumt. Der Künstler raufte sich ob seiner politischen Tat seine damals auffallende Mähne: Diese Fähnchen aus 3 Farben könnte er auch schnell malen. Maler und Bilder wurden plötzlich bekannt. Parteigrößen bestellten seine Werke. Der Künstler malte, zunächst parteilos. Dann als Parteimitglied im Zuge des Zeitgeistes. Als der Krieg kam wurde auch der Maler zu seinen Fahnen gerufen. Künstlerpech! Doch sein Können wurde respektiert. Er wurde Kriegsberichterstatter mit Bildern, die er malte, in Berlin. Ministerien erhielten seine Bilder, kostenlose Soldatenarbeit, als Dienstzimmerschmuck. Der Soldat wurde weiter als Künstler anerkannt. Militärkarriere machte er nicht. Mit dem Dienstgrad Obergefreiter war er zufrieden in Berlin mit reichlich Heimaturlaub. Er grüßte jeden Soldaten ab Unteroffizier – mußte militärisch grüßen. Oft bekam er Zivilurlaub, er brauchte keine Uniform zu tragen. Er formulierte: künstlerische Freiheit!

Einmal kreierte er ein eigenes Kriegsbild – kein dienstliches Berichterbild. Sein Werk: Ein Bild in Ölfarbe, 80 x 120 cm. Ein deutscher Soldat. EK I, ein Bein amputiert, auf 2 Krücken. Das leere Hosenbein war unter das Koppel geschlagen. Käppi, leerer Blick – Hintergrund: zerschossene Häuser, feuriger Himmel und Rauch. Der Künstler signierte sein Werk und beschriftete den feldgrauen Holzrahmen mit: „Krieg – unverkäuflich!"

Er hatte das Bild in seiner Unterkunft stehen, unabgedeckt. Ein Offizier vom Dienst erblickte das Bild bei einer Unterkunftskontrolle: „Haben Sie das gemalt?" „Jawohl, Herr Hauptmann."

„Ein defaitistisches Bild!"

„Nein, Herr Hauptmann, realistische Kunst."

„Nun, ob das Kunst ist, werden andere entscheiden!" – Der Hauptmann ging. Wenige Tage danach wurde der

Maler-Soldat zu einer Kriegsberichterkompanie an die Ostfront in Marsch gesetzt. Von seinem Bild war nicht die Rede – er schickte es nach Hause zu seinen alten Eltern. Es kam dort unversehrt an.

Er selbst wurde auf dem Truppentransport von Berlin Richtung Warschau von hohem Fieber befallen und in ein Feldlazarett eingeliefert. Lungenentzündung, Verdacht auf Tbc. Überführung in ein Heimatlazarett. Von dort weitere Verlegungen. Schließlich war er nicht mehr KV (kriegsdienstverwendungsfähig), wurde zu einem Ersatzlazarett in seine Heimatstadt verlegt. Da war er 40 Jahre alt. Er malte, aber keine Dienststelle, keine Parteigröße, keinen Offizier interessierten seine Bilder. Er schob unauffällig Dienst nach Vorschrift! 1 Jahr später war der Krieg aus. Der Maler-Soldat hatte Glück. Er war zu Hause bei seinen alten Eltern, wie vor dem Krieg.

5. KAPITEL
TOTALE ZEITGEISTWENDE

*Nie geraten die Deutschen so außer sich,
wie wenn sie zu sich kommen wollen.*
Kurt Tucholsky,
Schriftsteller

Deutschland wurde in Besatzungszonen aufgeteilt – von den Siegern! Der Maler verblieb in der Russischen Zone – mit seinen Eltern. Der deutsche Diktator war tot! Sein italienischer Freund Mousolini wurde mit dem Kopf nach unten von seinen Landsleuten aufgehängt, gelyncht. Italien fühlte sich frei!

Hitler – das letzte Attentat auf ihn war mißlungen – ließ nach dem Attentat seine Stimme mit ihrer Dämonie ertönen. „Die Vorsehung will, daß ich lebe und mein Volk zum Sieg führe." – Unveränderter Tonfall: „Soldaten, Parteigenossen, Volksgenossen, Männer und Frauen!" Derweil ließ er seine Maschinerie laufen. Sie liquidierte Attentäter, Verdächtige und Mißliebige.

Die Historiker fanden Material oder auch nicht mehr. Machthaber schaffen keine Beweise gegen sich, sie sichern sich ab. Sie wollen vor der Geschichte – diesem Geistesgebilde, dieser menschlichen Taten- und Meinungsdarstellung, dieser fleißigen Wissenschaft – erhaben dastehen. Machthaber zögern nicht, durch Historiker die Geschichte „umschreiben" zu lassen. Die Geschichte muß doch ein vom Machthaber gewolltes Ergebnis bringen – was soll sie denn sonst? Große und viele kleine Historiker – Professoren an Universitäten – lehren den Deutschen Geschichte.

„Wozu und zu welchem Zwecke studieren wir Universalgeschichte?" fragte an der Uni in Jena schon vor über 200 Jahren ein Vorlesender.

Herrscher, Menschen und ihre Taten (Untaten) sind vergangen. Die Geschichte, das Beschreiben, Deuten und Registrieren der Ereignisse in der Vergangenheit bleibt. Die Geschichtsbibliotheken schwellen an, mit modernen Speichermethoden schwellen sie räumlich ab. Man konserviert, erhält für die Nachwelt. Was sie wissen soll. Ein ernstes Spiel, eine befriedigende Dauerbeschäftigung – ein kulturelles, den Menschen förderlich sein sollendes Werk. In Wahrheit geistige Sisyphusarbeit. Vorbei ist vorbei! Unnütz zu fragen, was wäre, wenn gewesen wäre? Ein unterhaltsames Ratespiel, sonst nichts!

Nichts – weil die Menschen und Macher, Mächtige und Ohnmächtige sterblich sind. Ehe sie reif sind, wirklich aus der Geschichte zu lernen, ihren Geist und Charakter zu bilden, sind die Knochen morsch und das Fleisch schwach, Geist und Seele müde. Die einzige Erfahrung: Daß die Menschen aus der Geschichte, der Vergangenheit nichts lernen, lernen wollen und lernen werden.

Hätte der Diktator Hitler wirklich aus der Geschichte gelernt gehabt, er hätte es nicht mit den Juden und wohl auch der katholischen Kirche verdorben. Er hatte nichts gelernt. Wer nichts lernt, handelt nur aus seinem Unvermögen. Aber er handelt, und wie! Mit allem, was in ihm steckt, was er aus sich herausholen kann. Hitler holte heraus:

Männer machen die Geschichte! Ich bin ein Mann!

Er machte die Geschichte des Dritten Reiches und als er merkte, die Geschichte läuft schlecht, nicht wie er wollte, lief er nicht davon – wohin auch! – er eliminierte sich. Seine Geschichte, die Geschichte seines Reiches war abgeschlossen.

Wahrlich! Ein Mann machte Geschichte. Niemand hielt ihn auf, nur die Geschichte und er selbst. Forscher,

Historiker, nun forscht, weshalb und warum – forscht über Unnützes – klärt Unerklärliches – nur sagt bloß nicht: „Ich habe recht. – Es war so und nur so!"

Es war einmal ein Gefreiter, der sich als Feldherr, Weltbeherrscher berufen fühlte. Statt bieder einer Arbeit nachzugehen, beschloß er, Politiker zu werden. Macht zu ergattern, mit juristischen und unjuristischen Mitteln, aber mit seinem Können, Menschen zu begeistern in seiner Zeit. Er nutzte die Zeit. Sie ließ sich nützen, und er schuf seinen Zeitgeist.

Unnütz zu fragen, was wäre, wenn er nicht Geschichte hatte machen wollen, sondern sich auf den Plan „aus Kartoffelkraut mache ich Anzüge" beschränkt hätte? Massen-Anzüge, notwendige Uniformen, zur Begeisterung, zur Schönheit der Erscheinung, zur Straffung der Gestalt. Zur Vereinheitlichung der Bürger für die Marschrichtung – Richtung Macht!

Kein Uniformträger machte erfolgreich kehrt. Alle marschierten in die befohlene Richtung. Die Welt sah das Schauspiel. Bewunderte es. Dann war es ihr zuviel. Sie war der Schau satt und brauchte über 5 Jahre, um dem Diktator – der Krieg war tödlich ernst – ein Ende zu bereiten.

Das Dritte Reich war tot. Menschen und Land vom Dritten Reich waren übrig. Neues mußte geschehen – durch Menschen. Von wem denn sonst? Die bestimmenden Menschen waren die Sieger. Wie stets – nach Krieg und Sieg. Es gibt stets einen Sieger.

Er entschied: Wir haben das Land erobert. Der Besiegte hat kapituliert, bedingungslos. Also, teilen wir die Menschen und das Land, was vom besiegten Feind übrig blieb, zunächst auf. Der Ordnung wegen, dem Recht und der Gerechtigkeit dienend. Der Sieger will menschlich sein. Sieger können Menschlichkeit üben. Sie übten. Sie schufen Besatzungszonen. Die Sieger waren Verbündete. Amerikaner, Engländer, Franzosen, Russen. Also gab es entsprechende Zonen. Gern hätten die vermeintlichen kleinen Mitsieger Belgier, Holländer, Italiener, Skandinavier, Dänen eine Rolle mitgespielt. Es blieb – wenn überhaupt – für sie bei einer kleinen, unscheinbaren Nebenrolle.

Viel Bearbeitungsmaterial für Historiker entstand. Ach was ist Geschichte doch interessant. Immer wieder Material, immer neu. Die Menschenrechte mußten durch die Sieger doch endlich auch einmal siegen. Menschenrecht ist angeborenes Gut! Unzerstörbar, höchstens verachtbar durch Menschen. Die Größen der Verlierer hatten die Menschenrechte mißachtet. Das konnte doch keine Frage sein – denn der Sieger ist im Recht, hat Recht, schafft Recht!

Die Menschenrechtsverletzter, die Menschheitsverbrecher müssen vor ein Tribunal gestellt werden. Das verlangt die Gerechtigkeit, die wahre Menschlichkeit. Das ist Anspruch der Menschheit – Verpflichtung der Sieger. Die Verpflichtung wurde erfüllt.

Der internationale Militärgerichtshof der Siegermächte: Die Vereinigten Staaten von Amerika, die Französische Republik, das Vereinigte Königreich von Großbritannien und Nord-Irland, die Union der Sozialistischen Sowjetrepubliken trat in Nürnberg zusammen. Nicht ohne Absicht, diese Gerichtsortwahl – Nürnberg, „die Hauptstadt der Bewegung" im Dritten Reich der Deutschen.

Der Gerichtshof bewegte die Welt auf seine Weise mit einem Urteil über die, die er auf der Anklagebank hatte oder dort hinstellen ließ. Die juristische Grundlage für dieses einmalige Gericht wurde gefunden. Juristen zweifelten, stritten. Aber, wann zweifeln oder streiten sie nicht auch zum Schein. – Der Urrechtsgedanke – Menschenrecht verlangt Gerechtigkeit – vollzog sich.

Bände von Akten, Beweismitteln, Protokollen, Urkunden, Bilder entstanden. Historiker haben auf Jahrzehnte brisantes Material für objektive Wahrheit, wenn es die überhaupt gibt.

Ein Manko hatte das Verfahren – der Hauptverschwörer gegen die Menschenrechte, der Diktator Hitler, war nicht auf der Anklagebank. Er hatte den Freitod gewählt: Sein politisches, von Graphologen nicht bezweifeltes Testament: „... Außerdem will ich nicht Feinden in die Hände fallen, die zur Erlustigung ihrer verhetzten Massen ein neues, von Juden arrangiertes Schauspiel benötigen." – Seine Leiche wurde in Berlin spurengesichert, schien und scheint aber verschwunden.

Der Hauptangeklagte Göring konnte sich vergiften, bevor er gehenkt werden konnte. Seiner Leiche wurde der Symbolik wegen noch der Strick um den Hals gelegt. Das Rätsel, woher hatte er die Zyankalikapsel, blieb. Das alles ist aufzuarbeitende Geschichte. Neue Deutungen in neuer oder ferner Zeit.

Wohl ebenso wichtig wie die Prozesse um Gerechtigkeit ist das Ordnen der jeweiligen Gegenwart. Das war auch die Aufgabe der internationalen Siegermächte. Fragen wir nicht, ob vier Siegermächte die Internationalität verkörpern. „Eben wo Begriffe fehlen, stellt ein Wort zur rechten Zeit sich ein." (Goethe) Der wohl richtige Prozeßbegriff „Siegergerichtshof" war nicht verwendbar. Ein Sieger ist nicht neutral, kann es nicht sein. Es ist typisch subjektiv, muß es sein. Ein Gericht muß neutral sein, auch das ist Menschenrecht. Es fehlt für ein solches Gericht der Sieger ein Begriff, und es stellten sich die Worte ein: Internationaler Militärgerichtshof. Zwei Worte, zwei Worte zur rechten Zeit. Hallo, Herr Goethe, Ihnen sei Dank! Ihre Weisheit hat sich erneut bewahrheitet.

Prozesse – ob zivil- oder strafrechtliche – gehen einmal irgendwie zu Ende. Manchmal werden sie vermieden durch außergerichtliche Einigung. Manchmal durch gerichtlichen Vergleich abgeschlossen. Prozeßmüdigkeit ist das nicht, sondern praktische Vernunft. Vernunft heißt

miteinander sprechen, auf gleicher Ebene und gegenseiti-
gem Nachgeben. Sieger und Besiegte haben aber keine
gleichen Ebenen: Doch kann man auch von oben nach
unten und umgekehrt verhandeln. Die Realität verlangt
von den Siegern und Besiegten das Sprechen miteinander. Man nähert sich schließlich an bis zur gleichen Ebene, und man gab oder gibt sogar Rechte ab und stellt
Gleichberechtigung zwischen Sieger und Besiegtem her.
Die Sieger und Besiegten nahmen manches aus bestimm-
tem Zweck, Absichten und Gründen, zumindest aus wirtschaftlicher Vernunft an. Wirtschaftlich heißt stets –
Macht des Geldes! Diese kann zwischen Siegern und Besiegten vermitteln. Man sage nicht, Macht des Geldes sei
nur negativ. Alles hat zwei Seiten – auch Geld. Und so
kam eine Zeit, die keiner aus dem Zweiten Weltkrieg und
kein Spätgeborener schon erwartete, vielleicht erträumt
oder erhofft hatte. Es kam die Einheit Deutschlands.

Doch diese Jahre von 1945 (Kriegsende) bis Wiedervereinigung 1989 waren voller Tücken, Charakterlosigkeit und stiller Pflichterfüllung. Ein buntes Bild der Meinungen, Gefühle, Taten, Untaten, Menschlichkeit und
Unmenschlichkeit. Ein Spiel der Politik, der Macht – im
kleinen wie im großen. Menschenwerk! In Reinkultur!

Diese Geschichte mit ihren Geschichten ist nicht zu
übersehen, sie ist aber keineswegs übersichtlich. Die Macher der Zeitgeschichte sind zugleich Macher des Zeitgeistes, mit alten und modernen Tricks. Die Geschichte
des Vierten Reiches ist noch nicht geschrieben. Es ist die
Geschichte zweier Okkupanten-Teilreiche – Siegerteilrei-
che.

6. KAPITEL
SIEGERZONEN – SIEGERZEITGEIST

Sichtbare Geschichte hat immer etwas
Ekstatisches, Ergreifendes, Beängstigendes.
Cees Nooteboom,
Schriftsteller

Es ist eine Lust aufzulisten und zu hinterfragen. Hinterfragen, eine Methode des Ausfragens, damit etwas herüberkommt. Es soll hinüberkommen zum Gesprächspartner oder Publikum – aber man spricht ungenaues Deutsch, wie die Sprache überhaupt zeitgemäß entdeutscht wird. Entdeutschung ist „in", Deutschtum ist „out". Das wird verstanden. Absichten und Methoden werden zeitgeistlich neu gestaltet – von den Machern. Sie betreiben Politik nach innen und nach außen – aber eben Politik, wie sie wollen. Und mit wem? Vergegenwärtigen wir uns das. Erinnern wir uns, die wir die Verhältnisse miterlebt haben. Später und künftig Geborene sollen wissen, wie dumm, charakterlos, faul oder klug, edel und fleißig die Deutschen waren. Wie sie sich verhielten.
Übrig geblieben aus dem Dritten Reich waren doch Land und einige Leute. Wie sahen das und die aus? In dieser Zeit! Weiterleben in und auf zwei verschiedenen Ebenen. Im Kapitulationszustand! Nicht im Frieden! In Waffenruhe, weil die Sieger nicht mehr schossen, und die Besiegten keine Waffen mehr hatten – nie mehr haben sollten, 1945! Eine gemeinsame Sicht auf gleicher Ebene erschien utopisch.
Kommt Zeit, kommt Rat, der verbleibende Trost für die Zukunft! Mit diesem Trost, dieser Lethargie war es

aber nicht getan. Betriebsamkeit, Existenzkampf, Aufbauwillen verlangte das Leben und jeder neue Tag, der Gegenwart und Zukunft zugleich war – im neuen Zustand des Vierten Reiches.

Das Land – Grund und Boden – kleiner, in Grenzen, die die Sieger zogen. Eine scheinbar selbstverständliche Lage – wie stets bei einem Kriegsende. Vielleicht kennen Historiker Ausnahmefälle. Die Geschichte der Menschheit ist vielfältig – sie war in der Situation 1945 für die besiegten Deutschen so uninteressant wie ein Staubkorn – Staub gab es genug! Von Interesse war einfach das nackte Weiterleben, wenn man sich nicht selbst umbrachte. Auch das geschah. Verzweifelte aus höchst persönlichen, individuellen Gründen gab es zu allen Zeiten. Das Ende des Zweiten Weltkrieges machte keine Ausnahme. Richte niemand über Selbstmörder. Es war ihr Schicksal, nur ihres. Achte man ihre Entscheidung. Die Toten können sich nicht mehr äußern. Und wer „hinterfragen" will, sollte zugeben, daß eben er einen Zweck verfolgt, den andere nicht billigen.

Millionen Getötete, Gefallene, Tote schweigen! Aus natürlichen Gründen!

Die Überlebenden reden –

Menschliche „Charaktere" entpuppen sich – und wie? Die einen still, die anderen laut. Die einen anständig, die anderen mies. Sie vermischen sich. – Es wird ein Tun und Handeln aus Selbsterhaltungstrieb, wie jeder auf seine Weise meint, vom Schicksal gezwungen zu sein. Aber auch im Meistern seines Schicksals ist der Mensch „Opfer" seines Charakters. Schicksal eines Volkes ist die Summe der Schicksale der einzelnen Menschen. Nur bei der Ähnlichkeit bis Gleichheit der Schicksale kann vom Schicksal eines Volkes gesprochen werden. Das deutsche Volk hatte wahrhaftig ein – sein Schicksal.

Die Deutung des Schicksals wird zur Geschichte und macht Geschichte. Wer deutet? Die Sieger, die Nutznießer des Sieges und die Nutznießer der Niederlage – unter den Gestalten der Besiegten. Zwar hatten alle Deutschen den Krieg verloren, alle Angehörigen des Deutschen Volkes. Individuell, als Einzelmenschen hatten nicht alle gleiche Opfer für den Krieg erbringen oder ertragen müssen. Da waren gewaltige, urwiderrufliche Unterschiede. Diese Unterschiede bestimmten den Anfang, das Werden und Wachsen des Vierten Reiches. Diese Unterschiede, mit denen Sieger und Besiegte geistig und materiell operierten, ihre Politik betrieben, begünstigten den Zeitgeist. Die Macher des Zeitgeistes hatten ein reiches Betätigungsfeld – sie hatten ihre politische Beschäftigung. Ordnung muß sein!

Wenn Ordnung geschaffen werden soll, prallen Interessen aufeinander – auch bei Siegern und Besiegten. Bei Interessenskonflikten geistiger Natur hilft die Idee der Menschlichkeit. Dieser Idee frönten nach und nach die Sieger – und die Besiegten wollten daraus ihren Nutzen ziehen. Für Interessenkonflikte mußten deutsche Politiker her – und die Sieger suchten aus. Sie redeten nicht mit jedem! Wäre ja auch siegerunwürdig. Menschen haben ihren Stolz, jeder Position angepaßt. Nur selten wird Stolz in der Verliererposition verstanden. Er ist ja wohl auch fehl am Platze, obwohl ein ehrbarer Verlierer seinen Stolz durchaus nicht aufgeben muß. Diese Ansicht ist schließlich eine Charakterfrage des Einzelnen.

Wer Charakter und Stolz aufgibt, ist sicher ein Spekulant, gerade als Verlierer. Diese Haltung hat mit Menschenrecht nichts zu tun, aber mit Menschenwürde, die der Einzelne praktiziert oder auch nicht – innerlich und äußerlich.

Leicht gesagt, schwer getan! Die Verhältnisse, die Umstände sind eben oft nicht passend. Auch das berücksichtigt der Einzelne.

Die Menschen waren nicht alle obdachlos, aber in Überzahl, durch Flüchtlinge, die die Flucht überlebten.

Den Siegern reichte es. Die Deutschen hatten verloren, sollten sie mit ihrer Niederlage fertig werden. Für die Gefangenen sorgten die Sieger selbst. – Es gab also Deutsche mit Haus und Hof, Deutsche mit Ruinen und Flüchtlinge mit nichts – und alle wollten wohnen und leben und wollten wieder Ordnung. Reines Menschenbegehren, Menschenrecht. Diese menschlichen Rechte auf Wohnung, Brot und friedliches Sterben – sie gelten vor und nach einem Krieg.

Von allein erfüllen sich Rechte nicht. Es muß darum gerungen, gearbeitet werden. Dieses Ringen und Arbeiten verlangt Organisation, verlangt – ob Sieger und Besiegte es wollen oder nicht – Politik, als Methode und Weg zu einer vorgestellten Ordnung.

Methode und Weg bestimmten die Sieger. Jeder in seiner Zone! Die Besiegten paßten sich an, jeder in seiner Zone! Die Historiker haben heute viel Material zur Untersuchung – zum Niederschreiben der Geschichte, aus ihrer Sicht, wissenschaftlich. Die Geschichte selbst ist abgelaufen.

Wie lief sie ab? Nicht voraussehbar – freilich gibt es stets einige „Kluge", die behaupten, vorausgesehen zu haben. Diese Selbstüberschätzer sind meist Spätlinge, die in Wirklichkeit nichts beeinflußten. Sie gehören zum Menschenbild, wie die Motten zum Licht. Sie verbrennen sich selbst bei ihrem ersten Lichtblick.

Die Gefangenen waren isoliert. Am Kriegsende hatte jeder Soldat – ob Offizier, Unteroffizier oder Mannschaftsgrad nur einen Wunsch! Bald heim! Und wenn Gefangenschaft unvermeidlich: nur nicht zu den Russen, Polen oder Titopartisanen, nicht zu Hilfsvölkern des östlichen Siegers. Zu den westlichen Siegern in Gefangenschaft war das letzte Soldatenziel – wenn auch oft illusionär.

Nicht der Soldat entschied, sondern die Kapitulationslage. Im Durcheinander der letzten Kriegstage wagte mancher Angehörige der Wehrmacht aus allen Rängen sein Schicksal in eigene Hände zu nehmen. Manchen gelang die Fahnenflucht, vielen nicht. Pech, Schicksal, Glück – wer will es klären.

Entscheidend: Das Überleben aus menschlichem Selbsterhaltungstrieb. Welche Energien beim Einzelnen oft freigelegt wurden, ist kaum faßbar. Letzte Kräfte, letzte Willensstärke, letzte Vision: Heim, heim, heim! Wohl denen, denen es gelang. Denen es nicht glückte, stand eine harte Zeit bevor, wie sie befürchteten, aber erst erlebten, durchleben mußten – oder zugrunde gingen. Hoffende Menschen aus Körper, Seele und Geist. Aber wen kümmerte ein Einzelschicksal? Die Tragödie im Kleinen kümmert nicht die Machthaber im Großen – nie! Wenn Machthaber die Tragödie im Kleinen kümmern würde, gäbe es nie Kriege. Die Machthaber reden nicht von Tragödien, sie reden von Opfern für eine höhere Idee! Opfer für etwas Edles, Schönes, Heiliges! Was für eine Blasphemie! Nur der Zeitgeist, der gemachte Zeitgeist verhindert, verbietet wahre Erkenntnis.

Die Opferbereitschaft – offenbar ein dem Menschen innewohnender, angeborener Gemeinschaftssinn – wird psychologisch angefeuert und ausgenutzt.

Machthaber ergründen die Menge, prüfen die Belastbarkeit, beurteilen ihre Fähigkeiten zu Gemeinschaftsleistung. Machthaber predigen und fordern Gemeinschaftssinn, Zusammenhalt, „einer für alle" und „alle für einen" im Hinblick auf das von den Machern erstrebte Ziel. Das verkennen seriöse Historiker nicht – aber welcher redet oder darf reden – wenn die Machthaber zum Marsch zu ihren Zielen blasen? Auf diesem Marsch werden Hindernisse beseitigt, Widerstand zum Schweigen gebracht.

Je gewaltiger die Ziele sind, desto brutaler die Beseitigung der Hindernisse. Zeitgeistfieber! Zeitgeistwirrnis! Machthaberwerk – Menschenwerk.

Unter den Siegern mußten neue Ansichten entstanden sein, neue Konstellationen der Mächtigen. Wer weiß? Die Historiker?

Bei Gefangenen in englischer und amerikanischer Gefangenschaft tauchte ein neues Lagergerücht auf – zum wievielten Mal ein neues Gerücht. Wir deutschen Gefangenen werden bald mit den Amerikanern, Engländern und Franzosen gegen die Russen kämpfen! Die Landser griffen sich an den Kopf, aber sie hielten es für möglich – was sollten sie sonst tun. Ein gefangener deutscher Offizier war mutig. Er fragte in perfektem Englisch einen englischen Major, ob das Gerücht absichtliche Stimmungsmache sei, es sei doch wohl verrückt. Der Engländer höflich, sehr höflich zu dem gefangenen Offizier: „Sir, ich weiß es nicht, aber es gibt viel Verrücktes in der Politik. Warten wir es ab, vielleicht werden wir Kameraden!" Sagte es und ging. Grüssend!

Der deutsche Offizier erzählte sein „Erlebnis" seinen Mitgefangenen. Ein Landser: „Was, der Krieg soll mit anderen Fronten weitergehen? Reiner Irrsinn! Oder ist doch richtig, was wir schon immer rätselten: Der Krieg dauert so lange, bis der letzte Lehrer in der Truppe Reserveoffizier ist."

Die Zuhörer lachten. – Ein anderer Landser: „Der Krieg geht nicht weiter. Die Lehrer, die noch keine Reserveoffiziere geworden sind, werden auch keine mehr, sie sind dafür untauglich." – Zustimmendes Gelächter.

Das Gerücht verstummte, wie es gekommen war. – Historiker wissen vielleicht mehr oder forschen weiter nach. Die Lehrer spielen weiter ihre Rolle – der Beruf bringt das so mit sich. Kein Politiker wird das ändern.

Geändert hatte sich aber offenbar die Harmonie unter den Siegermächten aus welchen Gründen auch immer. Diese Änderung war für die Deutschen der eigentliche Beginn ihres Vierten Reiches, genauer ihre zwei Teilreiche.

Es begab sich nämlich, daß die Siegermächte Amerika, England und Frankreich auf der einen Seite sichtlich andere Vorstellungen hatten im Umgang mit ihren totalkapitulierten Besiegten als die russische Siegermacht auf der anderen Seite. Die gemeinsamen Sieger entwickelten im Kapitulationszustand der Deutschen konträre Interessen. Ihre – der Sieger – politische Staatsstrukturen waren verschieden. Im Krieg gegen Deutschland war das Gegensätzliche der politischen Strukturen der Verbündeten nicht relevant. Im Zustand dauernder Waffentreue gewannen die politischen Ansichten der gemeinsamen Sieger untereinander wieder Gewicht.

Die Siegermächte waren nach ihrer Darstellung in den Krieg eingetreten, um das Verbrecherregime der Deutschen zu beseitigen. Es war kein Krieg gegen das Deutsche Volk. Es ist sicher, daß man eine Regierung schädigt oder zu Fall bringt, wenn man ihr Land und Leute wegnimmt. Wenn man nur die Regierung mit Mann und Maus ausrotten will, läßt sich die Regierung durch ihr Volk verteidigen. Das eine wie das andere ist ohne Gewalt nicht möglich. Wenn diese Gewalt sich nur gegen die Regierung richten soll, bleibt unerklärlich, daß – wenn die Regierung bereits am Boden liegt – die Vernichtungshandlungen gegen das flüchtende Volk fortgesetzt werden oder überhaupt Zivilbevölkerung bombardiert wird. Zumal das Bombardement für den Untergang der Verbrecherregierung nicht mehr den geringsten Sinn hat.

Hier sind die Historiker gefragt, die Einzelheiten, Gründe, Ursachen, Folgen und wahre Absichten erforschen mögen.

Ein Volk, das diese Vernichtung unabwendbar hilflos über sich ergehen lassen mußte, hat keine Fragen mehr. Es hat auch insoweit keine Rechte. Die vollendeten Tatsachen werden schweigend Geschichte.

Das Vierte Reich der Deutschen mit seinen beiden Teilstücken und seinen Bewohnern ging einen wundersamen Weg. Die Teilung Deutschlands schuf Zeitgeistmacher, Politiker, Bevölkerungsgruppen und -typen in zutiefst menschlicher Weise.

7. KAPITEL
ZEITGEIST IM GETEILTEN LAND

Unser Wissen ist kritisches Raten,
ein Netz von Hypothesen,
ein Gewebe von Vermutungen.
Oskar Negt,
Philosoph

Menschen gebärten Denkweisen und zeigten ein Verhalten, das verwundern könnte, wenn man vergißt, daß es eben Menschen sind. Der westliche Teil des geteilten Deutschlands und der östliche Teil gingen eigene Wege, bestimmt von ihren Besatzungsmächten. In beiden Teilen Deutsche – sie beschritten die von ihren Besatzern vorgeschriebenen Wege. Kein Irdischer kann ihnen dieses Schreiten vorwerfen, wenn sie dabei ihre Menschenwürde nicht aufgaben, eine Wiedervereinigung erhofften und ihre Identität als Deutsche nicht verleugneten. Diese Haltung durfte das gemeine Volk erwarten und erwartete sie. Ein Volk, das einen Krieg verloren hat, ist nicht deswegen kriminell. Es ist eben Verlierer und hat die Folgen des Verlierens zu tragen, aber nicht seine Menschenwürde aufzugeben. Freilich: Würde ist eben nur von jedem Einzelnen zu verwirklichen, zu beweisen.

Als Begriff ist Würde ein grundsätzliches Postulat, eine Sittennorm. Wie jede Norm nur von den Menschen einzeln zu befolgen, auszufüllen. Tatsächlich kümmert den einen eine Norm, den anderen nicht – insbesondere, wenn es sich um Sitte, Moral- und Anstandwerte handelt.

Kriminelles Verhalten ist eine gesonderte Situation. Theorie und Praxis klaffen in Notzeiten, wenn es um nackte Selbsterhaltung geht, stark auseinander. Dieser Zustand ist weder dem Einzelnen vorzuwerfen, noch ist er vermeidbar – immer von kriminellem Verhalten abgesehen. Juristen reden vom „übergesetzlichen Notstand". Das geteilte Vierte Reich bot aber keineswegs mehr die Phase des „nackten Überlebens." Diese Phase war vorbei, als die Besatzer begannen, ihre Ordnung zu schaffen.

Was nun begann, war eine Phase der Vorteilshascherei, des primitivsten Egoismus, des Verneinens eines Gemeinschaftssinnes und das Blühen der subjektiven Heuchelei. Menschlich ebenso verständlich wie charakterlich verwerflich.

Die westlichen Besatzer reichten den kleinen Finger, die Besetzten griffen nach der Hand. Der östliche Besatzer reichte keinen kleinen Finger; er machte die Besetzten zu Marionetten – und die Marionetten tönten: „Wir sind ein eigener Staat!"

Alle Sieger wollten die Besiegten umerziehen. Die Besiegten waren ja durch die Diktatur Hitlers verzogen, ungezogen. Die übrig gebliebenen Deutschen waren also umzuerziehen und die Neugeborenen gleich richtig zu erziehen im Sinne der Sieger. Gut so, richtig so, logisch so! Aber überall fehlten die Umerziehungskräfte – die mußten her und wurden in den Reihen der Besetzten gesucht – und auch gefunden. Es gab auf einmal viele Besetzte, die immer gegen Hitler gewesen zu sein behaupteten – als es jemals von irgendwem beobachtet oder festgestellt worden war.

Ein Wunder? Nein! Eine Schäbigkeit und Charakterlosigkeit in Hochform: Miese Menge – erkannten insgeheim die Besatzer und ließen die Menge gewähren, wie sie sich selbst zum Gefallen der Besatzer umzog.

Die Umerziehung begann simpel mit der Entnazifizierung. Primitives wird schnell begriffen und noch schneller befolgt. Aber selbstverständlich und natürlich war die Durchführung der Umerziehung eine Langzeit-Aufgabe. Da sollen sklavische, folgsame, treue Staatsbürger von einst – dem „untergegangenen" Staat – in einem neuen Staat in dessen neue, nun die richtige Richtung gebracht werden. Der neue Zeitgeist mußte wehen. Zum Wohle des neuen Staates, der neuen Zeitgeistmacher. Diese greifen zu dem besten Mittel, das es gibt. Sie hetzen die Bürger gegeneinander. Diese lassen sich hetzen – durch politische Organisation – wie schon gehabt und nun umgestaltet – zeitbedingt. Altes wird gewendet! Es wirkt (fast) wie neu!

Keiner konnte verkünden, der alte Staat ist tot, es lebe der neue. Ein neuer war nämlich gar nicht (noch nicht) da. Ein Land ohne eigene Regierung, Bürger ohne freie Vertretung, Besetzte – haben keinen Staat. Die Zeitgeistmacher aber schrien: Ihr seid Befreite, wir bringen euch eine Demokratie, baut sie aus, erfüllt sie mit Leben.

Diese Version der Lagebeurteilung schien realistisch, zündete. Die Deutschen halfen, Demokratie aufzubauen, neue eingeschleuste Demokratie.

Nachdem die Deutschen sich entnazifiziert hatten, säuberlich durch Spruchkammerbescheide, waren sie als Mitläufer, Betroffene, Schuldige, Hauptschuldige klassifiziert – wobei es unmöglich ist, die Summe der Falschmaterialien, Falschaussagen zu beziffern. Manchmal – später – kam in Einzelfällen Wahrheit ans Licht. Peinlich für manche; doch durch Zeitablauf war die Wirkung der Wahrheit abgeschwächt. Viele Betroffene hatten längst den Entschluß, Politiker zu werden, verwirklicht. Irgendwie kamen sie durch und sicherten sich auch eine Altersversorgung.

Die Strömung zur Demokratie – Volksherrschaft – ließ Politiker aller Schattierungen aus dem Volke sprudeln. Der Teil des Volkes, der sein Schicksal ehrlich in seine Hände nahm, wurde die Wählermenge, das einfache Wahlvolk. Wähler brauchten die Politiker – die Demokratie will es so, muß es so wollen. Das Wählervolk, jeder hat eine Stimme für gleiche und geheime Wahlen, nutzte seine Gleichberechtigung, seine Entscheidungsbefugnis, seine Freiheit, seine Möglichkeit zur Schaffung der Demokratie, der gemeinsamen Herrschaft des Volkes, der Verwirklichung der Interessen jedes einzelnen. Die Interessen sind der Inhalt, der Geist, das Bild der Demokratie. Kein Inhalt, kein Geist, kein Bild kann auf einen Rahmen verzichten. Den Rahmen lieferten die, die sich entschlossen hatten, Politiker zu werden. Es waren viele Zeitgenossen.

Die Sieger beobachteten deren politisches Spiel, griffen ein, gaben ihre Macht nicht aus der Hand, sondern verlängerten ihren Arm nur mit Hilfe derer, die glaubten, berufene Politiker zu sein. Gerufen waren sie, nicht berufen. Sie merkten es nicht. Das Wahlvolk, der stimmberechtigte Bürger schaute nie hinter die Kulissen. Er war froh, wenn er unbehelligt seine Existenz hatte. Diese Situation war in beiden Teilen des Vierten Restreiches gleich. Indessen die Verschiedenheit der Strukturen der Besatzungsmächte prägte auch die Verschiedenheit der Demokratien in den beiden Deutschlandteilen.

Die Bürger beider Teile wurden jeweils Demokraten westlicher oder östlicher Prägung. Die Prägung übernahmen die Macher des Zeitgeistes – im Westen wie im Osten. Die beiden demokratischen Prägungen begründeten die Geschichte des geteilten Deutschlands. Diese Geschichte ist ein tragikomödisches Menschenwerk der Siegermächte wie der bedingungslosen Kapitulanten. Eine Geschichte über den Umgang der Gewinner mit den Verlierern. Eine Geschichte des Zwanges der Strukturen, die die Siegermächte in ihren eigenen Ländern besaßen. Hatten die Machthaber in diesen Strukturen vor dem Zweiten Weltkrieg ein gemeinsames Feindbild, ein übereinstimmendes Ziel: Deutschland, das Hitlerdeutschland muß zerschlagen werden, dämmerte ihnen nach der Kapitulation die Erkenntnis: Wir haben das falsche Schwein geschlachtet. – So soll sich Churchill, einer der prominentesten Deutschenhasser, ausgedrückt haben.

Das deutsche Volk in seinem „dunklen Drange" nach politischer Weisheit hat zu keiner Zeit die feindliche Einstellung der Amerikaner, Franzosen und Engländer gegen Deutschland verstanden. Auch das amerikanische und französische Volk – wohlgemerkt Volk! – hegte keine Feindschaft gegen die Deutschen. Es war und bleibt politisch konstruierte Feindschaft der Machthaber, der Zeitgeistmacher, die ihren Zeitvertreib, ihr Spielchen um die Macht als Politik, Weltpolitik zum angeblichen Segen der Menschheit brauchen. Sie oktroyieren ihre Ansicht – dieses oder jenes Volk ist unser Feind – ihren eigenen Staatsbürgern mit allen Mitteln der Propaganda und Volksschulung, unaufhörlich, bis der letzte Bürger ihre Ansicht, zumindest nach außen hin, teilt. Der Bürger hält einen Widerspruch sowieso für zwecklos. Schweigen hält er für sinnvoller. Er will seine Ruhe klugerweise.

Welch eine Deutschenverachtung liegt darin, daß die ostzonalen Zeitgeistmacher die Westdeutschen als Feindbild, politisches Feindbild, erkoren. Welch eine obstruse Idee der ostzonalen Zeitgeistmacher. Man will es nicht glauben. Und westdeutsche Politiker und Medienmacher schwiegen – nein, einige wünschten den Ostzonalen eine eigene Staatsbürgerschaft. Was waren das für Deutsche? Keiner will sich- mehr erinnern, jetzt!

Die Gedanken sind frei – und nichts wert. Die Mächtigen wissen das. Wertloses ist unbeachtlich. So erklärt sich, daß die gelenkten und gelinkten Völker tatsächlich andere Völker für schlecht, störend und damit für ausrottungswürdig halten. Nur so einfach ist das Ausrotten nicht. Einige bleiben übrig. Das sind gerade die Gefährlichsten, die Übriggebliebenen, die Überlebenden. Ein unbefriedigender Zustand für Siegervölker, aber sie müssen „ungerechterweise" damit leben. Gibt es denn keinen gerechten Gott im Himmel? Ihn gibt es schon, wenn die Menschen ihn rechtzeitig suchen. Dazu aber haben sie keine Zeit und keine Lust. Das ist zu anstrengend und bringt sie ihren irdischen Kurzzeitzielen einfach nicht näher. Den gerechten Gott sprechen die Zeitgeistmacher und Staatsmächtigen schon an, wenn sie ihre irdischen Ziele erreichten. Dann war der Gott doch gerecht – man sollte ihm wenigstens jetzt Dank sagen, diesem Allmächtigen, der – er sei gepriesen – richtig entschieden hat. Ein hervorragender Richter, dieser Gott, der Gerechte! Die Zeitgeistmacher, die irdischen Chefs der Völker, triefen vor Dankbarkeit – den Allmächtigen berührt es nicht. Er läßt die Völker der Erde, ihre Oberhäupter, sich weiter austoben, wie es ihnen gefällt.

So gefiel den demokratischen Westsiegern die Idee, ihre Staatsstruktur auf die westlichen, überlebenden Kapitulanten zu übertragen. Nicht aus Menschlichkeit, aus reiner politischer Zweckmäßigkeit, aus wirtschaftlicher Vernunft. Die Arbeitskraft – das Willens-, Energie- und Geistespotential der Niedergeworfenen – konnte zu barer Münze umgestaltet werden, und Geld ist Macht – natürlich nur Ordnungsmacht – und fördert das unveränderte Ziel zur Weltmacht. Die Mitsieger – russische Machthaber – spielten nicht mehr so mit. Sie waren Kommunisten, keine Demokraten. Sie blieben Kommunisten, auch als der gemeinsame Sieg über das Verbrecherregime Deutschland errungen war.

Die westlichen Sieger standen vor 2 Problemen. Einmal: Wie nutzen wir unsere Kapitulanten? Zweitens: Wie werden wir mit unserem Mitsieger, der sich als Hauptsieger gebärdet, fertig?

Die Großen des Westens schienen zu Gott zu beten um Hilfe und es scheint, er – Gott, der Gerechte – hat sie ihnen gewährt – wie es offenbar jetzt den Anschein erweckt.

Später – jetzt war die Nutzung des Kräftepotentials der Westdeutschen wichtig und mußte organisiert werden. Politisch und juristisch eine enorme Kleinarbeit.

Die Westbürger, die ihre Ruinen mit Hilfe der Trümmerfrauen bewohnbar machten, trugen Pflichten, die sich aus der Selbsterhaltungskraft entwickelten. Die Sieger gaben ihnen allmählich auch Rechte, damit die Kapitulanten zu Demokraten wurden – richtige westliche Demokraten. Die Kapitulanten erhielten Lizenzen, Erlaubnis für Zeitungen, politische Parteien, Gewerkschaften. Sie erhielten die Währungsreform und mit deutscher Gründlichkeit und deutschem Fleiß gaben sich die Besiegten ein Grundgesetz. Das Grundgesetz schon vom 23. Mai 1949.

Da war die bedingungslose Kapitulation gerade 4 Jahre alt. Wer hatte das gedacht! Allenfalls Klugredner, kaum Historiker. Aber der Himmel über uns und die Politiker unter uns wollten es so – die normative Kraft der Tatsachen schuf das Grundgesetz – der juristisch herkömmliche Weg – „Friedensvertrag" – fiel und fällt aus. (Welt)Geschichte geht ihren eigenen Weg. Der Herrgott weiß es! Das vergaßen die Grundgesetzschaffer nicht. Die Präampel des Grundgesetztes lautet:

„Im Bewußtsein seiner Verantwortung vor Gott und den Menschen, von dem Willen beseelt, als gleichberechtigtes Glied in einem vereinten Europa dem Frieden der Welt zu dienen, hat sich das Deutsche Volk kraft seiner verfassungsgebenden Gewalt dieses Grundgesetz gegeben. ..."

Das Verantwortungsbewußtsein vor Gott und den Menschen – welche edle Gesinnung – aber welche Verwirklichung, welches Gegenteil oft im praktischen Getriebe der Politik.

Das Grundgesetz blieb indessen nicht nur Papier. Es wurde die Verfassung der Deutschen, schließlich der vereinigten Deutschen seit 1989. Kein Zweifel – eine gelungene Verfassung.

Die Siegermächte Amerika, England, Frankreich schlossen mit der Bundesrepublik Deutschland einen Vertrag über ihre Beziehungen, einen Generalvertrag, der das Ende des Besatzungsregimes am 26.05.1952 regelte. Die Bundesrepublik Deutschland erhielt die volle Macht eines souveränen Staats über ihre inneren und äußeren Angelegenheiten. Freilich und durchaus politisch begründet mit Vorbehalten bezüglich Berlin und Deutschland als Ganzes. Der außenpolitische Status der Bundesrepublik wurde spezifiziert. Die Stationierung der Streitkräfte der drei Siegermächte geregelt. Die Konsultationspflichten der Bundesrepublik bezüglich Berlin bestimmt.

Kein Friedensvertrag – aber ein faktischer Fortschritt. Das Tempo der Schritte blieb in Siegers Händen. – Warum auch nicht. – Mehr konnten die Deutschen nicht erwarten. Die Sieger erlaubten so viel, wie ihre politische Gegenwartslage mit ihrem Mitsieger Rußland und die weltpolitische Situation zuließen. Darüber gibt es kein Staunen, sondern nüchternes Erkennen. So ist der Lauf der Welt.

Die Deutschen im Westen nutzten ihre Rechte und Möglichkeiten. Sie schufen ihr Wirtschaftswunder. Die Spuren des verlorenen Krieges wurden allmählich beseitigt. – Mit Wollen und Hilfe der westlichen Siegermächte, mit dem Fleiß der Deutschen im Westen. Der bloße Überlebenskampf der Nachkriegsjahre verlor seine Häßlichkeiten, ging zu Ende. Schieberei und Schwarzhandel, Tauschgeschäfte, Anbiederung für eine Laib Brot, Zigaretten oder Schokolade wurden seltener. Wert und Gegenwart der Austauschleistungen pendelten sich auf eine nie gekannte „Marktwirtschaft" ein.

Die Währungsreform brachte eine „Mark"wirtschaft. Das Grundgesetz verhieß eine neue Gesinnung, Einstellung zur bestimmten demokratischen Ordnung. Die Gedanken, Wertungen des Grundgesetzes folgten dem Wind, der aus dem Westen wehte und den Zeitgeist bringen sollte. Er trug alle bekannten Klänge heran.

Die Würde des Menschen ist unantastbar.

Jeder hat das Recht auf die freie Entfaltung seiner Persönlichkeit.

Alle Menschen sind vor dem Gesetz gleich. Männer und Frauen sind gleichberechtigt.

Glaubens-, Gewissens- und Bekenntnisfreiheit sind unverletzlich.

Jeder hat das Recht, seine Meinung in Wort, Schrift und Bild frei zu äußern.

Diese Grundrechte der Menschen neu? Nein – uralt! So alt wie so oft mißbraucht und mißachtet von Menschen.

Aber Ordnung muß sein. Immer wieder, immer wieder neu! Das ist Leben, weil Dasein und Sterben zum Leben gehören, und Leben von den Lebenden und nicht von den Gestorbenen gestaltet wird. Das von den Gestorbenen gestaltete wird den Lebenden übertragen oder von ihnen übernommen. Es ist Übergabe und Übernahme, nicht Ende und Anfang. Leben ist die naturgesetzliche Ordnung. Die menschliche Ordnung schafft für das menschliche Kurzdasein! Die natürliche Ordnung ist der unveränderbare Dauerzustand.

Das Grundgesetz schuf menschliche Ordnung und bestimmte weiter:

Ehe und Familie stehen unter dem besonderen Schutz der staatlichen Ordnung.

Jede Mutter hat Anspruch auf den Schutz und die Fürsorge der Gemeinschaft.

Den unehelichen Kindern sind durch die Gesetzgebung die gleichen Bedingungen für ihre leibliche und seelische Entwicklung und ihre Stellung in der Gesellschaft zu schaffen wie den ehelichen.

Den Unehelichen wurde schon geholfen. Das „Un" wurde in „Nicht" verwandelt. „Un" hat etwas Böses an sich, z. B. Rat – Unrat, Tier – Untier, Mut – Unmut, Wille – Unwille. etc.

Neue Ideen? Oh nein, wiederholte Ideen – aber als scheinbar neu empfunden. Nun, seit dem Mittelalter waren bis 1949 ja wohl auch einige Historiker-Zeitalter verflossen. Historiker haben eigene Zeitrechnung, wissenschaftlichen Ordnungssinn. Die absolute Zeit kümmert sie nicht.

Und weiter wird grundgesetzt:

Das gesamte Schulwesen steht unter der Aufsicht des Staates.

Das war ebenfalls nicht neu. Die Mächtigen aller Epochen griffen nach der Jugend, nach deren Erziehung zur Machterhaltung. Wie könnte sonst der Lehrerstand, der zu Beamtenrechten strebt, so blühen. Blättert man heute in Tageszeitungen, ist, wenn Berufe erwähnt werden, der Lehrer vorherrschend.

Der bereits erwähnte Kunstmaler, der sich auf der Penne von einigen Lehrern mißverstanden und geplagt fühlte, schrieb einen Beschwerdebrief an sein Gymnasium, kurz vor der Abiturprüfung. Er schrieb: An den Leerkörper des Gymnasiums!

Das war eine Beleidigung. Die Zulassung zur Prüfung stand auf dem Spiel. Der Schüler entschuldigte sich. Ein Arzt – Seelenkundiger – bestätigte, daß der in Erregung und Verärgerung geschriebene Brief in Wahrheit die innere, momentane Leere des Schülers wiederspiegelte und so das Wort „Leer", statt „Lehr", ein unbewußter Gedankensprung – Freud'scher Effekt – gewesen sei.

Der Schüler bestand sein Abitur – recht ordentlich. Er meinte, er habe die richtigen Noten nur bekommen, sein Gedankensprung sei auf die Lehrer übergesprungen. Der

Abiturient hatte einen Hauch von echter Künstlergenialität. Später – in der DDR wurde er Professor und lehrte an einer Kunstakademie. Mit Politik befaßte er sich nicht. Er war Künstler, nannte sich nicht nur so, wie viele Zeitgenossen später und heute. Er ist ehe- und kinderlos verstorben und wurde würdig begraben. – Ein echtes Künstlerschicksal, eine Episode menschlichen Daseins.

Die Grundrechte wurden weiter bestimmt:

Alle Deutschen haben das Recht, sich ohne Anmeldung, ohne Erlaubnis friedlich und ohne Waffen zu versammeln. Sie haben das Recht, Vereine und Gesellschaften zu bilden.

Alle Deutschen genießen Freizügigkeit im ganzen Bundesgebiet.

Sie haben das Recht, Beruf, Arbeitsplatz und Ausbildungsstätte frei zu wählen.

Brief-, Post- und Fernmeldegeheimnis sind unverletztlich.

Auch diese Normen sind nicht neu. Alle Normen waren aber nötig, weil die Deutschen als bedingungslose Kapitulanten nun eben keine Rechte mehr kannten, die unverletzlich galten. Im Grunde nur Pflichten, die andere bestimmten – diese hatten eine eigene Moral – dafür war aber wenig oder nichts zu haben: „Erst kommt das Fressen, dann kommt die Moral." (B. Brecht/K. Weill) Kapitulation führt in eine Art Urzustand – zurück zur Natur! Die Lebewesen der Natur sind dauernd auf Nahrungssuche – bis zu ihrem Ende. Eine Moral ist ihnen nicht bekannt – Naturgesetze sind Moral an sich. Mit menschlicher Moral haben sie nichts zu tun. – Täten sie es, es wäre fürchterlich!

Das Grundgesetz verlangt auch eine Pflicht, eine bekannte, schon dagewesene, nämlich die Wehr(dienst)-pflicht. Nur mit zeitgeistbedingten Beschränkungen konnte das Gesetz diese Pflicht postulieren:

Männer können vom vollendeten 18. Lebensjahr an zum Dienst in den Streitkräften, im Bundesgrenzschutz oder in einem Zivilschutzverband verpflichtet werden. Absolut zeitgemäß die Fassung: können verpflichtet werden. Nicht etwa: sind verpflichtet in ... zu dienen. Zeitgeist ist: Wer aus Gewissensgründen den Wehrdienst mit der Waffe verweigert, kann zu einem Ersatzdienst verpflichtet werden.

Nur aus politischer Situation heraus ist diese Kann-Bestimmung zu begreifen. Nach der Kapitulation gab es jene, die nie mehr ein Gewehr in die Hand nehmen wollten. Solche zeitgeistlichen Bekenner hatten dann später Freude an der Jagd, sie führten ein Jagdgewehr.

Nie mehr Uniform verkündeten andere. Als eine Bundeswehr entstand, waren Dienende nicht etwa Soldaten: Nein, sie waren Bürger in Uniform. Welch geistvolles Wortspiel, welche Logik? Der Soldat – der Besoldete – ist tot, es lebe der Bürger – Gehaltsempfänger – in Uniform!

Wo ist der Tarifvertrag? Die Soldatengewerkschaft? Was für eine demokratische Gesinnung kam zu Tage. Welche Auswüchse von Gewissensfreiheit. Bis zum 18. Lebensjahr hat ja der umerzogene Deutsche genug Erfahrung gesammelt, sein Gewissen erforscht und seine Gesinnung gebildet. Die Probleme des eigenen Landes, die Probleme der Welt sind erkannt. Ein gereiftes Gewissen läßt den Wehrdienst mit der Waffe nicht zu. Es spielt Gitarre mit Verstärker. Ein solches Gewissen will Musikgetön, aber nicht Waffenlärm. Wer Krieg macht, soll ihn machen, ohne mich! Ein anständiger Staat macht keinen Krieg, wird in keinen verwickelt, und was kann der Einzelne schon ändern. Eine neue Platte bitte, eine Droge – Action, Verstärker ... Sound, Geglitzer und Geflimmer. – Nix Waffe in der Hand, Spritze im Arm! Eine gesinnungsstarke Szene. Wenn's wirklich kracht, verschwinden solche Szenen! Da hilft keine Ausbildung mit oder ohne Waffe! Wenn ein Mächtiger Bomben werfen läßt, unterscheidet keine Bombe zwischen Kriegsdienst-verweigerern oder Waffenträgern in Uniform.

Eine Atombombe erst recht nicht. Sie greift rund um sich zur Zerstörung von Mann und Maus. Dazu bringt sie noch hählings Siechtum auf Jahre hinaus.

All der politische, wirtschaftliche, materielle und im-materielle Aufwand für Militär wird für konventionell erklärt, auf herkömmliche Kriege ausgerichtet. Her-kömmlich: Welcher Zynismus bei der Entwicklung von Atomwaffen, biologischen und chemischen Menschen-vernichtungsmitteln – konventionell?

Die Welt hat keine Garantie, ob nicht ein Mächtiger ausrastet und ein Inferno einleitet. Einer sitzt stets am Drücker, auch wenn er noch so bewacht wird. Im Zwei-fel drücken seine Bewacher mit.

Ob nun 340.000 Uniformträger oder 375.000, ob 10 Monate oder 12 Monate Ausbildungszeit, ob mächtige Kriegspinner zündeln, sind nicht die entscheidenden Fra-gen der wirklichen Kriegsverhinderung, sondern die sim-ple Frage der staatlichen Autorität in Friedenszeiten und des Ansehens einiger Politiker. Gegen Kriege gibt es noch keinen Schutz.

Gewissenlos aber, wer als Mächtiger nicht wenigstens für innere Sicherheit sorgt. Dafür könnten 340.000 Uni-formträger neben Polizei und Feuerwehr schon ausrei-chen, wenn's wirklich innerstaatlich brennt durch revo-lutionäres Menschenwerk! Menschenuntat!

Trost und Hoffnung bleiben. Die Großen der Politik – Weltpolitik – werden sich nicht – darin sind sie Men-schen – in's eigene Fleisch schneiden. Bei A-B-C-Kriegen könnte dieser Schnitt passieren. Nicht, daß die Großen von der Waffengewalt vernichtet würden. Auch ein ver-wüstetes Land macht Mächtigen keine Freunde und kei-ne Freude. Letzte Verbitterte könnten den Mächtigen li-quidieren. Mächtige haben um sich selbst große Angst und Sorge. Das ist die Hoffnung der Menge, des Volkes, der Völker! Eine tragische, zynische Hoffnung, aber die einzige!

Mögen Herrscher menschlich bleiben – in ihrem Machtstreben sind sie es nicht, wie die „konventionellen" Kriege und Krieglein zeigen. Das Gebaren solcher Herrscher ist eine menschenverachtende Selbstbeweihräucherung. Vielleicht – und hoffentlich – finden sich für ihr irdisches Treiben einmal mutige Richter. Da sollte die Frage der Todesstrafe neu gestellt werden. Denn ein humaner Strafvollzug wäre fehl am Platze. Diese Art Herrscher hat vor nichts Angst – außer sie würden gehängt. Ein humaner Strafvollzug wäre für diesen Inhumanen eine Belohnung. Amnesty International wird sich rechtzeitig dazu äußern. Interessant dann nur: wie? Alles ist ungewiß!

Das Grundgesetz dagegen ist gewiß. Es wäre unvollständig, wenn es nicht verkündet hätte:

Die Wohnung ist unverletzlich. Eigentum und Erbrecht werden gewährleistet.

Nicht neu, aber demokratisch. Wie auch das Verbot der Ausbürgerung und Auslieferung. Neu und wohl einzigartig dagegen die Bestimmung:

Politisch Verfolgte genießen Asylrecht.

An diesen 4 Worten soll die Welt genesen, sobald die Europäische Gemeinschaft daran gesundet ist und Deutschland nicht mehr davon krank. Ein weites Feld der Theorien und Polemik, ein buntes Feld von menschlichen Unzulänglichkeiten, Großmutigkeit, Niedertracht und Erhabenheit. – Das Problem der Wanderung der Menschen zum besseren – vermeintlich besseren – Dasein. Zeitgeistproblem? Gemacht? Von wem? Und zu welchem Zwecke?

„Aber die Geschichte wird schon zu ihrer Zeit aufstehen und reden." (F. G. Klopstock) Wir stecken noch in den Geburtswehen dieser Geschichte. Die Geburt ist noch nicht erfolgt. Die Geschichte kann noch nicht aufstehen und reden. Sie redet schon zu ihrer Zeit.

Das Grundgesetz verwirklichte dagegen schon seine bürgernahe Form mit Humanität. Es artikulierte ein Petitionsrecht:

Jedermann erhält das Recht, sich schriftlich mit Bitten und Beschwerden an die zuständigen Stellen und an die Volksvertretung zu wenden.

Dieses Recht ist ja nun doch wohl das selbstverständlichste in einer Demokratie. Daß es besonders festgehalten wurde, ist verwunderlich. Immerhin beseitigt es Zweifel. Mutige und mündige Bürger haben es zu allen Zeiten gewagt, Bitten und Beschwerden vorzubringen. So sklavisch sind die Menschen weder im griechischen, römischen noch im germanischen Kulturkreis gewesen. Herrscher nutzten Bittsteller zu ihrem geschichtlichen Ruhm. Herrscher denken ja in Geschichte! Ihre Gnade, ihr erteiltes Wohlwollen an einen Untergebenen, menschliche Züge eines Herrschers verklären sein Bild in der Geschichte. Wie hungrig sind die Großen nach einem, ihrem Geschichtsbild. – Wenn dieser Hunger nicht wäre, gäbe es wahrscheinlich nie humane Herrscher. Manche Herrscher, Könige sind in die Geschichte nur eingegangen, weil sie sich als Bürger unter Bürgern verhielten. Sie erzielten Respekt, ohne ihn zu fordern. Freiwillige Anerkennung ist mehr als erzwungene Achtung. Heute erscheint Volkstümlichkeit bei der Mittelmäßigkeit der Politiker – zu viele haben sich entschieden, Politiker zu werden – als plumpe Anbiederei. Es riecht nach Unfähigkeit. Ein Geruch, den der Verbreiter selbst nicht riecht, nur die Umstehenden. Die Ehrlichen davon rümpfen die Nase und gehen. Die Schmeichler bleiben und behaupten, hier riecht es aber gut! Leider erstikken sie nicht am Gestank, er bringt keine Lebensgefahr.

Ein Grundgesetz wäre nicht perfekt, wenn es nicht eine Einschränkung von Grundrechten bei Soldaten verfügte. So geschah es. Nicht neu, schon früher galten Soldaten nicht als Zivilisten. „Sie waren geachtete Bürger, die einer besonderen Pflicht nachkommen."

Wer Grundrecht und warum verwirken kann, gehört ebenso zur Perfektion des Grundgesetzes wie, wer Einschränkungen hinnehmen muß. Die Rechte der Bürger sind umfassend festgeschrieben. Die staatliche Verfassung, die das Grundgesetz ja darstellt, wird in den Strukturen des Bundes und der Länder behandelt.

Das ist das Gebiet, auf dem sich die großen und kleinen Machthaber, Politiker aller Schattierungen ausleben können und mit allen Tricks um Positionen feilschen. Ein lustig anzuschauendes Treiben, wenn es für das Gesamtwohl des Volkes nicht zu schädlich, deprimierend und kostspielig wäre. Ein Volk verliert Interesse an Politik und Parteien. Als veralberter Stimmenträger protestiert es, wenn die Albernheitsgrenze überschritten wird; so dumm sind die Bürger nicht. Die Politiker produzieren gerade das Gegenteil von dem, was sie erstreben, zu erstreben vorgeben. Die Volksvertreter als Parteimitglieder wollen wieder ihre Sitze und (mehr) Diäten und mehr Macht. Die verdummten Wähler reagieren nicht sachlich, sondern emotional. Ein emotionales Wahlergebnis bringt Schaden für das Volk, was den kritischen Wählern nicht gleichgültig ist. Das Volk besteht aber nicht nur aus Wählern, sondern auch aus noch nicht Wahlberechtigten, sowie den Schweigsamen. Alle die unter 18 Jahre sind, sind die ersten Schadensträger. Wer Schaden tragen muß, ist ein potentieller Unzufriedener, der eines Tages zur Wahl geht. Doch nicht mit sachlicher Überlegung, sondern mit Vorurteil, mit Gift und Galle gegen Bestehendes. Die egoistischen, parteigebundenen Volksvertreter sind die Ursachen für Politik- und Staatsverdrossenheit. Eine Charakterlosigkeit in Politik jagt die andere. Ein politisches Lied, ein garstiges Lied! Ein Menschenlied – ein belustigendes Gruselkabinett. Die Figuren zeigen ihre Masken, nicht ihr wahres Gesicht.

Sie erhoffen von ihren Masken den großen Erfolg – ihre Wiederwahl, ihre Posten und Pfründe zu – natürlich! – des Volkes Wohl! Eine Heuchelei, die in Zwangslagen nicht vor Falscheid zurückschreckt. Menschen, keine Charaktere, keine Vorbilder scheinen am Werk. Hat die Struktur der Bundesrepublik diese Mängel des Systems verursacht? Nicht das Gesetz ist fehlerhaft. Die Menschen, die Politik betreiben, sind nicht die selbstlosen Idealisten, die sie vorgeben zu sein. Egoisten, Ehrgeizlinge, Eitlinge – nicht alle. Negative Erscheinungen werden eben stark verallgemeinert und übertrieben. Ein faules Ei löst bereits Salmonellenfurcht aus. Die Furcht ist aber kein sachlicher Richter.

Das Grundgesetz bestimmte sachlich:

Die Bundesrepublik Deutschland ist ein demokratischer und sozialer Bundesstaat.

Alle Staatsgewalt geht vom Volke aus. Sie wird vom Volke in Wahlen und Abstimmungen und durch besondere Organe der Gesetzgebung, der vollziehenden Gewalt und der Rechtsprechung ausgeübt.

Kann es eine idealere Verfassung geben? Nein! Wenn nur auch die Menschen so ideal wie die Verfassung wären – wenn, ... Die Verfassung ist in Ordnung, soll sie sein, denn sie postuliert klar:

Gegen jeden, der es unternimmt, diese Ordnung zu beseitigen, haben alle Deutschen das Recht zum Widerstand, wenn andere Abhilfe nicht mehr möglich ist.

Ein Widerstandsrecht – jeder gegen jeden, denn jeder wird behaupten, er verteidige die Ordnung, weil andere Abhilfe fehle. Ein völlig wirrer Widerstand. Welch Durcheinander dann, wenn die staatliche Ordnung versagt. Und sie versagt schleichend – durch die Zeitgeistpropheten, die mit Worten statt Begriffen als wortgewaltige, aber nicht begriffsklare Redner hausieren gehen.

Die Parteien wirken – nach dem Grundgesetz – bei der politischen Willensbildung des Volkes mit. Parteien werden also von Politikern organisiert.

Das Grundgesetz bestimmt dazu:
Die Gründung einer Partei ist frei. Ihre inneren Organe müssen demokratischen Grundsätzen entsprechen. Die Parteien müssen über die Herkunft und Verwendung ihrer Mittel sowie über Vermögen öffentlich Rechenschaft geben. Schön formuliert, zu schön. Die Wirklichkeit menschelt. Bei groben Verstößen wird vertuscht. Im Extremfall wird eine Partei als verfassungswidrig bezeichnet. Aber erst, wenn das Bundesverfassungsgericht die Verfassungswidrigkeit einer Partei festgestellt hat, verlangt der Staat wieder seine Ordnung. Acht höchste Richter entscheiden, was das Volk zu entscheiden hätte durch richtige Anwendung der Demokratie, der Volksherrschaft. Die Herrschaft des Volkes wird so wirklich eine Herrschaft weniger aus dem Volk. Das ist das Elend der Demokratie. Aber es gibt kein besseres Elend, solange auch Elend eben Menschenwerk ist und bleibt. Dieses „Elend" wird als Demokratie verstanden. Das ist doch richtig und gut so. Was soll es denn Besseres geben? Diktatur? Kaisertum? Triumphirate? Oligarchie? Alles schon dagewesen. Besser? Das ist Ansichtssache. Jede Zeit hat ihre besten und schlechtesten Phasen. Der Zeitgeist ist die Summe der Denkweisen der Einzelnen zu ihrer Zeit, und diese Zeit geht vorbei – die später Geborenen reden von guter, alter Zeit, in der sie unglücklicherweise nicht gelebt haben.

Die Schwachköpfe, sie sollten endlich begreifen, wie neutral ihre Zeit ist, wie gut sie diese gestalten könnten. Ihre Zeit, ihren Geist sollen sie nutzen und sich nicht geistlos von Schwätzern und deren heimlichen Zielen manipulieren lassen. Die Demokratie als Staatsform verlangt denkende, selbständige Menschen. Doch die sind selten oder aus Erfahrung stumm. Die Politiker haben leichtes Spiel mit einer gleichgültigen Menge. Das ist der Mangel der Demokratie: der unkritische, politisch unselbständige Bürger. Der Trick der Politiker aber ist: das Einreden auf die Menge. Ihr seid mündige Bürger! Keine Nachläufer, Schaulustige, Hammelherden! Freilich, der wirklich demokratische Bürger muß heranreifen. Er kann reifen, so die Politik die Voraussetzung schafft, mit Charakter, Anstand, Redlichkeit, Ehrfurcht und Bescheidenheit – in Erkenntnis der Armseligkeit des irdischen Daseins. Doch das Bild der Wirklichkeit sieht anders aus, sehr menschlich, ausschließlich menschlich!

Verlieren wir nicht den Glauben, daß nicht nur die Deutschen Demokraten werden. Hoffen wir, daß sie nicht die einzigen auf der Welt sind. Denn andernorts sieht es mit den Demokraten keineswegs besser aus. Hüten sich die Deutschen, anderen Demokratie jemals beibringen zu wollen. Hüten sie sich, eine Weltrolle zu spielen. Sie werden von den anderen mit Sicherheit, mit historischer Sicherheit, wieder in die Schranken gewiesen werden, und diese Weisung wäre fürchterlich. Die Konstellation, daß die Spannungen unter den Siegermächten Deutschland wieder auf die Beine helfen würde, wird sich in der Geschichte kaum wiederholen. Die Deutschen würden ausgerottet, wenn sie sich durch ihr eigentümliches Gehabe und Verhalten nicht evolutionistisch sowieso selbst erledigen.

Dieser menschenrechtliche Überschwang, dieses demokratische Vollendungsstreben zerstört ihre Identität – vielleicht unbewußt – vielleicht gesteuert vom Zeitgeist – Weltzeitgeistmachern. Die Ideologen der Weltordnung sind gefährlich, gefährlicher als die Völker wissen. Diese Ideologen, diese grauen Eminenzen, die Weltgeistmacher bleiben anonym, im Hintergrund. Das ist ihr Arbeitsstil, ihre Stärke. Sie freuen sich, wie die Völker marschieren in ihre – der Weltgeistmacher – Abhängigkeit.

Die Idee der Weltherrschaft geht nicht unter. Warum auch? Bei dem Fortschritt der Kommunikationsmittel, der Fluggeschwindigkeiten, des Tempos des Geldumlaufs. – Nicht willkürlich, sondern organisiert und kontrolliert, spekuliert und operiert, taktisch und strategisch. Manche mischen mit und mischen sich ein. Die Idee der Menschlichkeit und der Gerechtigkeit liefert stets den rechtlichen Vorwand zur Einmischung. Plausibel, auch für die Menge verständlich. Wenn die Menge was von Menschlichkeit und Gerechtigkeit hört, jubelt sie auf und vergißt in dem Jubel den kritischen Blick auf die Wirklichkeit. Die Jubelnden werden an die Leine genommen, und ehe sie es merken, sind sie in die Richtung der Weltgeistmacher, der Weltherrscher gelenkt. In eine scheinbare Welt der Menschenrechte, der Gerechtigkeit. Auch diese Welt braucht ihre Zeit. Ob sie schon angefangen hat? Die anonymen Weltherrscher werden es wissen. Nur sagen werden sie es nicht. Schweigen ist eine harte Aufgabe. Schweigen aber ist die Grundlage des Erfolgs. Nicht einmal Historiker sehen klar, wenn sie überhaupt was sehen.

Mögen Länderdemokratien über Erdteildemokratien schließlich zur Weltdemokratie führen. Dann sind alle Menschen gleich, nicht nur vor dem Gesetz, nein in Hautfarbe, Aussehen und Sprache. Die Vielfalt der Tiere und Pflanzenarten bleibt erhalten, die Vielfalt der Menschen ist endlich vorbei. Sie sind gleich, gleicher geht's nicht – endlich Weltdemokraten, endlich richtige Demokratie.

Es dauert seine Zeit, aber der Anfang der Evolution zur Gleichheit aller Menschen ist im Gange. Eine großartige, konstante Zeit, in der wir leben und Nachkommen leben werden. Es sei denn, sie verharren in Identitätsstreben, Rassen und gewissen naturgegebenen Unterschieden der Menschen. Wie's einmal tickt, weiß niemand. Nur das Denkspiel, wie es ticken könnte, belebt, macht Freude, wenn es auch nicht bewegt. Gedanken sind frei – falsch oder richtig, unprüfbar. Es macht frei, überhaupt zu denken.

Die Gegenwartsdenker konzentrieren ihr Denken einfach auf Geld und Macht gegen die Konkurrenten, die ebenso denken. Die Denker überlisten sich gegenseitig in Schrift, Wort, Bild und Ton. Einfach lustig anzuschauen. Man muß sich darüber freuen können, wie sie konkurrieren, wettlaufen – die eifrigen Zeitgeistmacher um Macht und Geld.

Auch Zuschauen macht klug, wenn man erkennt, was man sieht. Im Zusehen sind die meisten mündigen Bürger rüstig fortgeschritten. Im Denken, Mitdenken hapert 's noch. Entwicklung ist eben auch an Zeit gebunden. Nur keine Eile, gute Entwicklung braucht Zeit, viel Zeit, noch mehr Zeit.

Was langsam reift, reift gut. Die Deutschen werden Demokraten, keine Angst. Das Grundgesetz sorgt dafür. Alles, was die Deutschen dazu aufgreifen, nutzen könnten, fassten sie an. Sie schafften doch die Grundtöne ihrer demokratischen Ordnung, die Westdeutschen und die Ostdeutschen unter der Obhut ihrer Siegerbesatzungsmächte. Die Töne mußten sein: Republikanisch, demokratisch und sozial im Sinne eines Rechtsstaates. Das Volk muß in Ländern, Kreisen und Gemeinden eine Vertretung haben. Diese geht aus allgemeinen, unmittelbaren, freien, gleichen und geheimen Wahlen hervor. Wie wahrhaftig erlebt in beiden Teilen Deutschlands. Und wieder in Deutschland, im wiedervereinigten Deutschland, insgesamt kleiner als einst, aber dafür richtig demokratisch.

Die Länder erhielten ihre Parlamente und Funktionen. Bundesrecht hat Vorrang. Es bricht Landesrecht. Ein zulässiger Rechtsbruch aus Rangordnung. Nicht neu, schon früher so gewesen. Dabei wichtig – sehr wichtig!

Die Pflege der Beziehungen zu auswärtigen Staaten ist Sache des Bundes.

Inwärtige Staaten sind ja begrifflich und logisch ausgeschlossen. Oder flackert unterbewußt noch immer die

DDR? – Warum nicht einfach das Wort „andere" statt „auswärtige" gewählt wurde, könnte auch mit den politischen „Termini technici" zu erklären sein. Pflege der Beziehung zu auswärtigen Staaten, das klingt doch souverän, gleichwertig, und Beziehungen sind immer gut. Pflegeleichte Beziehungen noch besser. Der Minister – der Außenminister – der von amtswegen Beziehung zu anderen Staaten pflegen muß, hat eine Werbe-Position und heute dafür auch seine auswärtigen Ämter wie Botschaften, Konsulate usw. Viele Diener, eine Liebesdienerschar, Diplomaten, die das Volk bezahlt. Da gibt es auch den Finanzminister, den Innenminister .... 10–15 Minister sind es in der Regel. Die Ämter stehen, die Posten werden besetzt, immer wieder. Der Außenminister – Minister für auswärtige Angelegenheiten – für Auslandsbeziehung – gut: Wenn es nicht ein Minister wird für Einmischung in ausländische Angelegenheiten. Aber, was versteht denn der Bürger, der um sein tägliches Brot ringt, von auswärtigen Beziehungen oder gar Pflege der Beziehungen, z. B. durch Entwicklungshilfe? Nichts! Der Bürger ist froh, wenn er sich selber helfen kann. Dieser einfältige, fleißige, ehrliche, kleine Bürger, dieser starke Stimmberechtigte – mit einer, seiner entscheidenden Stimme. Ob der Bürger Manager oder Straßenkehrer wurde – je eine Stimme. Im großen und ganzen gesehen ist die Arbeit des Managers nicht wichtiger als die eines Straßenkehrers. Im Dreck läßt sich auf Dauer auch nicht managen – Manager erstickten im Schlamm – trotz Grundgesetz!

Das Grundgesetz ist so präzise und umfassend, daß es bei richtiger Anwendung überhaupt nichts zu kritisieren gibt. Man kann freilich am leichtesten kritisieren an oder über etwas, das man nicht verstanden hat. Unverständnis ist eine hervorragende Eigenschaft derer, die in Parteipolitik denken. Ein Staat braucht aber Staatspolitiker. Solche, die für die Gesamtheit der Staatsangehörigen Verständnis haben und deren Interessen überhaupt erkennen. Sie sind selten. Sie werden geboren, in ihrer Zeit auserwählt und machen vielleicht Geschichte, der sie letztlich ihre Stellung, Funktion verdanken.

Geschichtliche Abläufe stehen in einem zeitlichen Zusammenhang. Es gibt keine Lücken und keinen Leerlauf. Alle historischen Ereignisse schließen sich an, an gewesene, ohne die das Folgende nicht sein kann.

Die zwingende Verbindung von Geschehnissen zu Geschehnissen, der unerbittliche Fortlauf der Zeit, die unvermeidliche Folge menschlicher Reaktionen – eine unveränderbare Realität, ist eben Geschichte. Kein tierischer Ernst in der Geschichte. Schon weil dieser blöde Ausdruck ohne Kenntnis der Tierwelt von irgendwem – einer Karnevalsgesellschaft? – verbreitet wurde. Tiere sind nicht ernst, sie sind naturverhalten, stetig in ihrem Daseinsrhytmus – einfach natürlich – kennen keinen menschlichen Ernst

Ernst, das heißt nachdenklich. Nachdenkend sind nur Menschen, sollten sie sein. Vielleicht auch vor-, vorausdenkend, aber denkend! Dann erst redend!

Nachdenker oder Vordenker – Denker sind gefragt und dann kämen diese lächelnd zu simpel historischer Erkenntnis: Wenn der Hitler nicht gewesen wäre, gäbe es keine historischen Figuren wie Adenauer, Brandt, von Weizsäcker, Kohl und wen auch immer. Die „geschichtlichen Gestalten" der Deutschen haben mit Hitler persönlich nichts zu tun, aber ohne die „historische Figur" Hitler wären sie nicht zu mehr oder weniger historischen Figuren geworden. Das ist das Belustigende an der Geschichte, daß auf politische Figuren wieder politische Figuren folgen. Ob sie in die „Geschichte eingehen", ist eine andere Frage. Die ist aber so unwichtig, wie alles in der Geschichte. Geschichte, wie sie Menschen sehen, ist Konservierung, Sammelmaterial für Archive, Bibliotheken, um die Wißgier einiger Menschen zu befriedigen, einzelner Menschen. Für die Menge ist Geschichte wirklich „nur Geschichte", womit sie meinen: Interessant vielleicht, aber ohne Wert und Bedeutung für mich. So unrecht hat diese Menge nicht.

Denke der Einzelne nach, was ihm Geschichte gebracht hat. Sein Dasein? Sicher – als Teil der Menschheit, der vergangenen und gegenwärtigen. Wie bedeutungslos dieser Teil. Alle Teile haben ihr Leben zu führen mit ihren Fähigkeiten – nicht mehr und nicht weniger. Was der Mensch mit seiner Fähigkeit in seiner Zeit macht, das hat ihm das Schicksal freigestellt. Das ist seine einzige Freiheit. Eine Freiheit ist dies, die auf dem politischen Markt nicht feilgeboten werden kann.

Werden Fragen auf dem politischen Markt schwierig, braucht der Politiker Bearbeitungszeit und sind die Fragen nicht von jedem lösbar, bedienen sich unsere Demokratieorganisationen ihrer Ausschüsse. In der Warenwertung ist Ausschuß Fehlerhaftes, zum Wegwerfen oder zur anderweitigen Verwendung.

Bei Politikern ist Ausschuß eine Qualifikation, eine Spezialbewertung, etwas Anerkanntes. Dann liefert der Ausschuß seinen „Schuß" Ausschuß. Gefällt dieser Ausschuß dem „Hohen Haus", den Parlamentsmitgliedern, dem Bundestag – 3 Worte für den Begriff Parlament – wird der „Ausschuß" gebilligt. Ansonsten geht die Debatte weiter, irgendwie. Es gibt Verfahrensregelungen und Geschäftsordnungen. Irgendwann redet dann schließlich einer von „faulem Kompromiß", von einem gequälten Nachgeben. Von einer vernünftigen Lösung reden Politiker selten. Entweder gehören sie nicht der Regierung an und glauben, daß Opposition nur Dagegensein heißt, oder sie finden keinen Mut zur Anerkennung dessen, woran sie nicht mitgewirkt haben.

Politischen Stil fordern Politiker ein. Diese Anspruchsteller wissen nicht, daß Politik nie Stil hat, sondern die Menschen, die sie machen. Denen fehlt es viel an Stil.

Wo sollen sie ihn auch herhaben. Als sie sich entschlossen, Politiker zu werden, hatten viele ihren Beruf nicht meisterlich ausgeübt, waren nicht zufrieden und glaubten, die Geschicke der Menge leiten zu müssen. Wäre der Schuster bei seinen Leisten geblieben, der Menge wäre viel Fehlinvestition in Politik und Politikern erspart geblieben. – Aber die Menschen sind nun einmal so. Dabei müssen wir es belassen. Es gibt keine andere Wahl.

Um größeres Unheil abzuwenden, um zu Gerechtigkeit, zum richtigen Bundesstaat, zum Föderalismus zu gelangen, schufen die gescheiten Grundgesetzschöpfer den Bundesrat. Die Länder, das heißt ihre Repräsentanten, wirken dort des richtigen demokratischen Rechts wegen bei der Gesetzgebung und Verwaltung der Bundesrepublik mit. Stimmenzahl und Verfahren juristisch geordnet. Überflüssig, dies festzustellen.

Der Staat braucht ein Oberhaupt. Die Wege eines Politikers zum Staatsoberhaupt sind in den Staaten der Welt verschieden geregelt. Manchmal ist es eine Revolution, ein Bürgerkrieg, ein Putsch, ein Meuchelmord, der einen Präsidenten beseitigt, um einen neuen zu gebären. Manchmal ist es eine Adelsordnung, die nach dem gestorbenen Erben im Staate den folgenden bestimmt. In Deutschland ist es jetzt das Grundgesetz.

Fast überflüssig zu erwähnen: Das Wahlverfahren, Amtszeit und einmalige Wiederwahl sind sorgfältig geregelt, länger als 2 x 5 Jahre ist kein Deutscher Bundespräsident. Deutscher (noch!) muß er und mindestens 40 Jahre alt sein. Das Schwabenalter 40 Jahre ist wohl von Theodor Heuss, dem Mitschöpfer der Grundgesetzes und dem 1. Bundespräsidenten vorgeschlagen worden, sicher nicht ohne Heuss'schen Humor. Schwaben werden erst mit 40 Jahren gescheit – aber sie werden es. Kein Zweifel!

Der Bundespräsident muß den im Grundgesetz vorgeschriebenen Amtseid leisten. Er hat Berufs- und Gewerbeverbot. Er soll seine Funktion unabhängig und neutral zum Wohle des deutschen Volkes ausüben. Da ist keine Zeit für Ämter und Posten nebenbei. Wenn er seine Arbeit gewissenhaft betreibt, reicht die 35-Stundenwoche nicht aus. Er vertritt Deutschland völkerrechtlich. Notfalls wird er vertreten von dem Präsidenten des Bundesrates. Wenn der Bundespräsident vorsätzlich ein Bundesgesetz oder gar das Grundgesetz verletzt, kann er vor dem Bundesverfassungsgericht angeklagt werden. Das Grundgesetz scheint an alles gedacht zu haben. So auch an das Gnadenrecht des Bundespräsidenten.

Selbstverständlich regelt das Grundgesetz die Zusammensetzung der Bundesregierung, die Wahl des Bundeskanzlers, die Ernennung der Bundesminister und ihre Verantwortung.

Befehls- und Kommandogewalt über Streitkräfte sind ebenso geregelt wie Mißtrauensvotum und Auflösung des Bundestages. Alles klare Regelungen. Auch wie Gesetze entstehen und wie das Grundgesetz geändert werden kann. Wie Bundesgesetze auszuführen sind und womit die Bundesverwaltung sich alles zu befassen hat. Der Gerichtsorganisation werden wie der Rechtsprechung gebührende Artikel gewidmet, wie dem Finanzwesen gebührende Vorschriften gesetzt werden. Auch der Verteidigungsfall wurde im Grundgesetz aufgenommen. Es war seit der Kapitulation ja doch schon einiges den Deutschen in Ansehen und Darstellung ihres Landes gelungen – wie die Siegermächte wußten und wollten.

8. KAPITEL
ZEITGEIST DER WIEDERVEREINIGUNG

Die deutsche Gemeinsamkeit:
Schweigen in der Diktatur und
Schimpfen in der Demokratie.
Rainer Lingenthal,
Publizist

Aber den Deutschen gelang noch mehr. Unglaublich, diese Deutschen, westliche und östliche; amerikanisch, englisch und französisch oder russisch beherrscht. Sie konnten sich wieder vereinigen in einem Land – mit eigener und der Siegermächte Hilfe. Das ist Geschichte, nicht von Historikern geschrieben.

Das ist die Geschichte, die ihre Geschichte selbst gestaltet. Das ist höhere Fügung, deren Ursache, Einzelheiten und Zusammenwirken der Kräfte von Menschen und Mächten Forschungsmaterial den Historikern bietet.

Derweil beginnen die Politiker dieses Wundergeschehen zu kritisieren. Eine menschliche Schäbigkeit tritt zutage, tobt sich aus – daß die Welt sich fragen muß, sind denn die Deutschen wirklich von allen guten Geistern verlassen? Diese Deutschen, die nicht genug bei dem Mauerfall jubeln konnten. Was soll das Ausland dazu sagen.

Was soll es? Das sagt, was es will, ob wir Deutschen uns gut oder schlecht, dumm oder gescheit verhalten. Das Ausland sieht nur danach: Was Deutschland ihm, dem Frieden der Welt, den Zielen der Siegermächte nützt und sonst gar nichts. Das Ausland achtet darauf, auch wenn

Besatzungstruppen feierlich verabschiedet wurden, um in ihre Heimatgebiete zurückzukehren.

Es ist Politik – Zeitgeist – daß Politiker sich gegenseitig achten, beachten, beobachten. Höfliche, nette Menschen, diese Politiker. Was wäre die Welt ohne sie? Nicht vorstellbar! Die Welt ohne Auserwählte.

Die Welt wird nicht von Göttern verwaltet, sondern von Menschen. Seht die Menschen – seht sie endlich! Auch das Grundgesetz ist Menschenwerk. Das beste Gesetz ist nichts, wenn es nicht befolgt – seine Befolgung überhaupt nicht ernsthaft betrieben wird.

Der Geist des Grundgesetzes könnte Zeitgeist geworden sein, wenn nicht andere Interessen und Mächte ihren Geist walten ließen, verbreiten und durchsetzen wollten.

Nicht ehrlicher Geist, Interessen bestimmen den Zeitgeist! Die Interessen der Macher, der politischen, wirtschaftlichen und kulturellen. Jede Machergruppe mit ihren Mitteln und Methoden. Wobei Mittel und Methoden sich durchaus ähneln und überschneiden.

Dulder und Objekt dieser Mittel und Methoden ist das Volk. Ist es vom Zeitgeist erfaßt – bewegt es sich in der gewünschten Richtung.

Welche Richtungen konnten und können beobachtet werden: Nur die, die die Mächtigen bestimmen. Auf ihren Gebieten, in ihren Gebieten. Politik, das ist und bleibt Kampf um Macht, mit allen Mitteln und Methoden. Doch auch die Mächtigsten unterliegen Zwängen. Sie sind nichts, absolut frei in ihren Entscheidungen. – Sie müssen Rücksicht nehmen. Nach innen und nach außen! Als Mensch, der sie nun einmal sind und als Inhaber von Macht, die sie nun einmal haben. Davon leben sie. Der Verlust ihrer Macht ist für sie gleichbedeutend mit Sterben. Ehe sie sich aber selbst morden, was ein Signal für die übrigen Machthungrigen wäre, nutzen die Machthaber ihre Macht mit aller Brutalität, Raffinesse, Lug und Trug, notfalls mit Bürger-und Völkermord! Sie bezeichnen ihr Tun als Handeln aus Pflichtbewußtsein, Vaterlandsliebe und Volksauftrag.

Die Methoden ergeben sich aus dem System. In Diktaturen verschwinden die „Staatsfeinde", die Regimegegner, die Volksschädlinge. Nachforschen ist gefährlich. Die Forscher verschwinden auch. Also – duldet die Menge, das Volk. Es kann nicht anders. Es ist die Wahl des kleineren Übels, ein Fehlen des Widerstandes aus Angst oder machtloser Vernunft. Selbsterhaltungstrieb der Machtlosen! Naturgesetz!

Da auch aus Naturgesetz Machthaber sterben, sorgen sie für Nachfolger. Die machterbenden Typen sind – ob politische oder kriminelle – geistig identisch. Sie ähneln sich und sollen gleichartig handeln wie ihre Vorgänger. Aber die spezifische, individuelle Eigenschaft und Begabung des Vorgängers in der Macht wird selten erreicht. Kein Mensch kann mit der Macht umgehen wie der andere. Jeder kann dies nur aus seiner Eigenart. So erklärt sich, daß, selbst wenn der Machthaber Nachfolger nominiert hat, die Machtausübung des Nachfolgers geänderte Methode mit sich bringt, bringen kann. Mitmächtige wollen mehr Macht. Sie suchen und erdenken Wege der Machtverteilung. Das Spiel, der Kampf um die „ererbte" Macht wird aktiviert, von den nächsten Mitarbeitern, den Vertrauten des neuen Mächtigen, die das Vertrauen genießen und gebrauchen – zur Erweiterung ihrer persönlichen Macht. Klappt das Spiel nicht, wird mit edlen Ideen die Entmachtung des Mächtigen – des Diktators – betrieben. Eine zündende Idee ist: das Wohl des Volkes. Es soll den Nutzen der Macht haben. Ein gewaltiges Motiv. Das Wohl des Volkes! Entweder durch Revolution oder Evolution. Die Machtstrebigen werden aktiv mit all ihren Möglichkeiten: Geld, Rednergabe, Charakterlosigkeit, Scheinqualifikation, Tarnung, Intrigen. Zahlreiche Ehrliche werden an die Wand gedrückt. Sie geben auf, sie werden schweigsam und versuchen, ihr bürgerliches Leben zu leben. Es bleibt ihnen nichts anderes übrig. Glück für sie, wenn sie sich damit zufriedengeben können. Die Meisten können es, niemand spricht von ihnen. Eines Tages wird schon einmal ein Denkmal erbaut werden: für den „unbekannten braven Bürger", und Mächtige werden einen Kranz niederlegen wie am Denkmal des „unbekannten Soldaten" oder des „tapferen Deserteurs". Keine Angst, Denkmäler wird es geben – nur, gedacht wird nichts. Oder nur das verordnete Denken – das von Denkmälern ausgeht, ausgehen soll, muß.

Zeitgeistmonument! Dresden zerbombt, ungezählte Opfer. 50 Jahre später wurde in London für den Bomberkommandeur Sir Arthur Harris ein Denkmal enthüllt. Die Königin-Mutter nannte den Sir einen „begnadeten Führer"!

Die Denkmalschöpfer, die Grundsteinleger, die heimlichen Widerstandskämpfer, die stillen Deserteure rücken sich schon ins rechte Licht und an die Macht. Die Menge, das Volk schaut zu. In natura oder im Fernsehen, live oder aus der Dose. Aber das Volk schaut zu – in den eigenen vier Wänden schüttelt es den Kopf und schweigt nach außen. Einfältige schreiben einen Leserbrief und hoffen, er wird gedruckt. Wird er das, hat die Redaktion redigiert. Der Brief hat seine Originalität eingebüßt. Er ist zwar ähnlich, aber wesentliches fehlt. Der Schreiber meint für sich: Besser etwas ähnliches als nichts und ist zufrieden. Er schreibt wieder und glaubt, wichtiges geleistet zu haben. Er vergißt, daß Zeitungen anderntags Altpapier sind. Leser von Zeitungen erliegen dem Novitätenreiz, dem Sensationsbedürfnis im ruhigen Zimmer. Von dem Schlagworttaumel lebt die Tagespresse – sie braucht Neues, möglichst Schäbiges, Charakterloses, Minderwertiges. Welches Glücksgefühl beim Leser, daß ihn Negatives nicht betrifft und daß er doch so viel besser ist als diese traurigen Gestalten der Zeitungsberichte. Wissen doch manche wichtigen Personen nicht einmal, daß sie Mitglieder nunmehr verfemter Parteien waren. Ehemals Mächtige haben sie zu Mitgliedern gemacht, ohne ihr Wollen und Wissen – wie klar würden sie es wissen und wollen, wenn die Partei nicht verfemt, sondern vielleicht sogar Regierungspartei wäre. Wie suchten sie nach Beweisen, schon Jahre früher Parteimitglied gewesen zu sein. Ehrliche, selbstlose Menschen sind das! Keine Charakterlumpen. Menschen, die nur das Wohl des Volkes im Schilde führen. Ihr Schild muß auch stabil sein. Bis ins hohe Alter, bis zum Grabe muß es sie aushalten. So ein richtiges Verrsorgungsschild. Unverletzlich. Das Volk will, daß ihre Mächtigen eherne Schilder tragen. Das Volk ist wirklich ein gutes Volk, es soll es auch gut haben. Die Mächtigen müssen ihm das sagen. So rufen die Mächtigen nach der „konzentrierten Aktion" oder der „Konsensrunde", um ja gemeinsam dem guten Volk zu helfen. Konzert und Konsens muß her!

Nun wollen sie sich versammeln, um Probleme zu beraten, damit sie gelöst werden. Dann wird geredet, die Probleme werden aufgelistet, die Meinungen gehen auseinander und die Versammelten auch. Gelöst wird nichts, die Probleme bleiben. Probleme werden nur durch Arbeit, Einzelarbeit des Bürgers gelöst. „Damit sich dieses Werk vollende, genügt ein Geist für 1.000 Hände." (Einer der großen Dichter)

Nur, wo ist der Geist? Wo die 1.000 Hände? Der Geist scheint einfach nicht zu kommen.

Und die Probleme wachsen, blühen und gedeihen – mit der Zeit im Zeitgeist. Es gibt zu viele Geister und zu wenig Hände! Das ist das Feld der Zeitgeistmacher.

Das Überbewerten der akademischen Bildung, dadurch zwangsläufig das Mißachten handwerklicher Leistung. Das Aufblähen der akademischen Anstalten als elitär, erhaben, edel, erfolgssicher läßt Vorstellungen irrealen Ausmasses in den Hirnen der Menge aller Länder und Erdteile entstehen. Die Nachrichtenmittel erreichen die kleinste Hütte. Fernseher, Videorekorder, Radio werden zum Existenzminimum hoch gespielt, und die menschlichen, wahren Grundwerte werden an der „Glotze" verrissen. Die Realität wird vergessen, verdrängt. Die Welt kann nicht sein, wie sie ist, sondern wie sie die Medien darstellen. Alles schwebt und schwingt, singt und klingt in der Werbung, in Schlagworten, Berichten, Bildern. Ein phantastisches Leben – auf ein bis zwei Stunden im Fernseher zusammengeflimmert. Dann die Ernüchterung. Die Wirklichkeit ist mühevolle Arbeit, in jedem Land und Staat.

Die Grundbedürfnisse der Menschen sind gleich. Ihre Wohlstandsbedürfnisse verschieden. Die Unterschiede werden zum Stein des Anstosses, zum Auslöser der Wanderungen. Für die einen Reise-und Urlaubsfreude, für die anderen Asylbegehren. Die Mächtigen beraten. Wie stets – sie werden für ihre Tätigkeit gut bezahlt. Mit Diplomatenrechten sauber ausgestattet. Sie beschließen auch Gesetze, Resolutionen, Verordnungen. Die anderen sollen sie ausführen. Da liegt der Hase im Pfeffer. Die erwartete Durchführung der Geistesprodukte der Großen scheitert an der Gleichgültigkeit der Kleinen. Im Zweifel wird den Mächtigen entgegengehalten: Verletzt nicht unsere Menschenwürde, unsere Menschenrechte. Daraufhin scheinen die Gesetzesschaffer wie gelähmt. Sie wissen nicht mehr, wer Recht hat. Sie als Machtträger oder die, auf die Gesetze angewandt werden sollen. Diese Betroffenen wehren sich, sie rufen alle vorhandenen Gerichte an, gewinnen Zeit. Mit der Zeit verwässern Gesetz und Recht. Sie werden farblos – fließend – zähflüssig – Schlamm und Sumpf. Die Mächtigen beraten wieder. Sie suchen nach Schuldigen, Verantwortlichen. Nur suchen sie nicht nach Menschenpflicht. Die simple, naturgesetzliche Pflicht des mit Vernunft begabten Menschen. Die Pflicht, sich selbst zu ernähren, sobald er von Vater und Mutter, von der Familie zum selbständigen Menschen geformt wurde. Geformt, zu einem verantwortungsbewußten Erdenbürger.

Verantwortungsbewußt, das heißt für sich ehrlich zu sorgen, ohne anderen Schaden zuzufügen. Nicht auf Kosten anderer ein freies Leben zu führen. Nichts – von dem!

9. KAPITEL
ZEITGEIST – ZAUBERFORMELN

Ja, wäre nur ein Zaubermantel mein!
Und trüg er mich in fremde Länder.

Goethe, Faust

Zeitgeist-Zauberformeln werden aktiviert. "Einer für alle. Alle für einen." „Die Welt gehört allen, für alle ist Platz genug." – Es bedarf nur des Ausgleichens, der Umverteilung, der Entwicklungshilfe, des Sozialismus in seiner Reinkultur. Edel, diese idealistischen Thesen, die Verdummungsvokabeln der Mächtigen für das Volk. die Völker.

Derweil machen sich die Wagemutigen oder Gerissenen auf den Weg, um den Ausgleich, die Umverteilung selbst zu praktizieren. Sie schleichen dorthin, wo die Zauberworte „Menschenrecht", „Asyl" bare Münze bedeuten. Die Schleichwege sind organisiert. Die Schlupfwinkel bekannt, die Geldquelle erforscht. So wird ein müheloses Dasein erstrebt, mit allen Tricks, kriminell oder nicht, rechtmäßig oder nicht. Die Hauptsache, man ist nicht dort, wo die rückständigen Vaterlands- und Heimattreuen, die Familienanbeter, die Ehebeflissenen, überhaupt die, die nichts von Freiheit verstehen, geblieben sind. Die Freiheitsbewußten haben ihre eigene Anschauung, ihre persönliche Gesinnung:

„Heimat ist da, wo ich satt werde. Da, wo ich mich wie zu Hause fühle." Die jugendlichen Zuhörer spenden den freiheitlich Gesinnten Beifall! – Das ist echte Freiheit! Niemand fragt: Warum wurdest Du zu Hause nicht satt? Den Zuhörern fehlt der Mut zur Frage. Es sind schon zu viele Ausländer da, die zu Hause nicht satt wurden. Es scheint wahr zu sein. Die Frage, „Willst Du hier nicht noch mehr als nur satt werden", wagt keiner. Sie haben vielleicht stille Wut über einen solchen Heimatbegriff. Aber es fehlt der Mut zum Ausdrücken der Wut.

Heimliche Wut und fehlender Mut gehören zum menschlichen Alltag. Für diesen Zustand gibt es sogar vernünftige Erklärungen. Was nutzt Mut, wenn sich dadurch nichts ändert, allenfalls noch persönlicher Schaden eintritt. Schon Goethe schrieb 1798 an Christiane: ''Betrübe Dich nicht über das, was außer Dir vorgeht! Die Menschen sind nicht anders gegeneinander, im Großen wie im Kleinen.''

Weil die Menschen nicht anders sind – im Großen wie im Kleinen – sind die Staatsmänner nicht anders als das Volk. Auch Staatsmänner haben Wut und keinen Mut. Ihr Verhalten nennen sie indessen diplomatisch, Taktik, Strategie. Ihr Mut ist verschleierte Spionage und Bespitzelung, Geheimdienst. Ein altes Spiel, von dem das Volk doch nichts versteht, obwohl gerade das Geheime dem Volke nützen soll. Wenn Nutzen wirklich gegeben wäre, gäbe es logischerweise keinen Krieg. Denn ein Krieg, ob gewonnen oder verloren, hat noch nie dem Volke genutzt, sondern allein den Mächtigen. So erfahrungsgemäß richtig diese Ansicht bleibt, so wenig hat sie in Wirklichkeit Gewicht.

Staatsmänner gibt es immer wieder, Staaten auch und Bewohner dieser Staaten erst recht. Bevölkerung muß sein. Doch welche? Die Mächtigen werden es zeitgeistlich erklären. Sie erfinden die „Harmonie des Chaos"! Sie rechtfertigen ihre „geniale Unordnung". Sie begründen alles zu ihrem Lobe oder lassen es begründen. Der Hilfswilligen hat ein Mächtiger genug. Für ihn tun sie alles. Sie sind korrupt und betreiben Korruption – auch zum eigenen Vorteil. Und der Plebs, das Volk wird zum Jubeln gebracht. Jubel lenkt ab – verhindert das Denken. Der Trubel der Jubelzeit verdeckt die Zusammenhänge zwischen Schein und Wirklichkeit. Die Kausalität der Ereignisse wird vernebelt. Die Wahrheit durchdringt den Nebel nicht. Im geistigen Nebel bis zur geistigen Blindheit muß das Volk gehalten werden. Es muß den Mächtigen in Wolken sehen, schwebend -göttlich. Das Volk muß vergessen, daß er ein Mensch ist. Schlechthin ein Mensch!

Er ist mehr, muß mehr sein. Ein Übermensch, ein Herrenmensch, ein göttliches Wesen, ja ein Gott. Man sage nicht, daß Menschen nicht glauben, ein anderer Mensch sei ein Gott! Nicht nur im Religionssystem, nein auch in der weltlichen Ordnung.

Der menschliche Gott der Neuzeit grinst. Er weiß: Sein Tag hat 24 Stunden, sein Leben 60, 70, 80 oder ein paar Jahre mehr. Er weiß: Ich muß essen und trinken, Körperpflege betreiben, mich aufwendig, einmalig kleiden, muß schlafen – beischlafen, heterogen oder homogen oder bigen – das ist meine Intimsphäre – und intim ist eine private Sache. Privat darf ich ja auch sein, letztlich nützt es meinem Volke. Was weiß der einfach: Mann von einem göttlichen? Der Einfache kann es nicht wissen – und vor allem – er darf es nicht wissen. Wenn er erkennt, ich, der Mächtige, bin auch nur ein Mensch, ist mein Machtpotential angeschlagen. Geriere ich mich auch menschlich, dann ist das ein, mein Trick. Die Menge vergöttert mich umso mehr. Menschlich tun ist für mich ein lästiges, aber notwendiges Gehabe. Der Pöbel braucht Bilder, Scheinbilder – wie im Film. Die Heldendarsteller – man frage nicht, wie wenig heldisch ihr privates Dasein ist. Doch der Filmheld glaubt wohl selbst, er sei auch ein Lebensheld. Sicher glauben es sogar andere. Filmärzte und -anwälte glauben oft, sie wären auch im Leben gute Ärzte und Anwälte geworden. Nur das Studio, die Bühne, die Schau lag ihnen mehr als der Ochsenturwerdegang des dargestellten Berufes. Wenn sie gute Schauspieler bleiben und privat nicht spielen, sondern natürlich leben, sind sie in ihrem Beruf Berufene. Wie andere in ihrem Beruf. Wie Mächtige auch berufene Lenker eines Staats gewesen sein konnten.

Wenn solche Mächtigen es fertig brachten oder bringen, daß ihre Bürger nicht fliehen, auswandern, nicht eine sättigende Heimat suchen, dann sind sie wirkliche Staatenlenker. Derweil: Es gibt bei 20 Millionen Arbeitslosen in Europa weltweit Flüchtlinge: 25 Millionen innerländische, 20 Millionen ausländische. Warum diese Flüchtlingsströme entstehen, ist in Wahrheit keine schwierige Frage. Menschen suchen nach ihrer Meinung bessere Lebensbedingungen, weil die Mächtigen der Erde die menschlichen Friedensräume zerstören oder zerstören lassen.

Die Flüchtlingsströme laufen in die Richtung, wo bereits Menschen wohnen. Ein Flüchtling bahnt sich keinen Weg in unbewohnte Gebiete – nicht in der Jetztzeit. Er ist kein Siedler in unbekanntem Land, das er sich urbar macht.

Die Idee der Humanität (Menschlichkeit) und des Sozialismus (Gemeinschaftlichkeit) sind die Richtungsmotive.

Die Zeiten der Auswanderer, die sich Land rodeten und eine Existenz aufbauten, sind vorbei. Die modernen Flüchtlinge wollen in erschlossenes Gebiet, Dörfer, Städte, am liebsten Großstädte, in Infrastruktur. Da wird sich eine Lebensmöglichkeit schon ergeben – so träumen Flüchtlinge – und kommen zu einem bitteren Erwachen. Das Erwachen ist hart, lebensgefährlich. Der Kampf ums Dasein beginnt auch dort, wohin sie flohen. Hätten sie nicht besser bleiben sollen? Diese Frage verbietet sich. Fehler werden nicht zugegeben. Erwartete Menschlichkeit kann kein Denkfehler sein. Welch ein Irrtum! Sie – die Flüchtlinge – verkennen, daß die Menschlichkeit auch ein Geschäft ist. Geschäft der mächtigen Geschäftsführer: Staats-, Religions- und Militärpotentaten. Diese nutzen und bewegen die Menschen nach ihren – der Mächtigen – Willen. Die Flüchtlinge kennen die wahren Mächtigen nicht. Diese bleiben anonym. Die bekannten Geschäftsführer sind mehr oder weniger befähigte Politiker, Schachfiguren der anonymen Machthaber.

10. KAPITEL
FLÜCHTLINGSZEITGEIST UND
SEINE MACHER

Die Zahl ist das Wesen aller Dinge.
Pythagoras

Die Machthaber haben nichts anderes zu tun als ihre weltpolitischen Spiele zu betreiben. Es ist ihr Lebenswerk, ihr Sendungsbewußtsein. Mit Anonymen kann nicht gestritten werden. Manchmal, wenn ein anonymer Zeitgeistführer sein irdisches Dasein beendet hat, kommt sein wahres Treiben ans Tageslicht. Dann haben Historiker Arbeit. Sie forschen, suchen, kombinieren, berichten – alles wegen der Wahrheit. Bruchstückwerk! Die komplexe Wahrheit ist Vergangenheit – sie tritt nicht mehr zu Tage, in die Gegenwart. Es scheint das Wesen der Wahrheit zu sein, daß sie unerkannt bleibt. Der konstante Zeitablauf verbraucht die Wahrheit. Zeit und Wahrheit sind vollendet, in Vergangenheit aufgelöst, und die Wissenschaftler suchen die Vergangenheit zu ergründen nach dem Naturgesetz: Nichts geht verloren, es wird nur umgewandelt in seine Ursubstanz. Die hat der Mensch noch nicht erkannt. Er stellt sich nur den Begriff „Ursubstanz" vor, aus Nichtwissen, Ohnmächtigkeit. Der Mensch kann sich nur mit seinem Menschenwerk befassen, eine gewisse Zeit, sein Leben lang – bis er selbst in die vermeintliche Ursubstanz aufgelöst wird. Wer nicht daran glaubt, hat Grund, an ein Weiterleben im Jenseits zu glauben

Sie wissen es, die heimlichen Machtbesessenen. – Ihr tatsächliches Werk:

Sie denken in Weltmaßstäben, betreiben Weltpolitik. Freilich nur in ihrer Zeit.

Die Menschen in der Zeit der Völkerwanderung hatten ihr Weltbild. Das bedingte ihre Weltpolitik. Doch Erdenbürger waren die Menschen allemal. Nur als solche handeln sie, können sie handeln, auch in der Zeit der Nachrichtensatelliten.

Jetzt – bei 6 (?) Milliarden Erdenbürgern – was sind da 45 Millionen Flüchtlinge auf der bekannten Erdoberfläche? Ein Klacks!

Die Zeitgeistmacher formen ihren Zeitgeist ja auch nur in Gebieten, wo es sich lohnt, Zeitgeist zur Machterhaltung zu nutzen. Eine scheinbar geistvolle Beschäftigung, gewinnbringend und kurzweilig. Einfach politisch interessant. Denn diese Beschäftigung wird auch Politik genannt. Diese Politik artet bei den wirklich Mächtigen nicht in Arbeit – diese kleingeistige bis diffamierende, vulgäre Einrichtung – aus. Dafür sind die Tagespolitiker zuständig. Sie fühlen sich dort wohl und wichtig und erhalten ihre Tantiemen für ihr niederes Menschenwerk. Das höhere Werk ist die Schaffung und Erhaltung der großen Linie, der Zeitgeistgestaltung, der geistigen Denkmalgestaltung. Großartig, wie die Macher den Zeitgeist gestalten. Wie sie Ideale wie Menschenrecht, Menschenwürde, Freiheit, Schuld und Sühne auf höherer Ebene auslegen und verkünden.

Sie spielen auf der Klaviatur der gesellschaftlichen Begriffe. Sie arbeiten mit wissenschaftlicher Logik. Streng systematisch. Abwägend nach Bedeutung, Gewinn und Prozente. Alles statistisch ermittelt, vorgetäuscht und ausgewertet. Hauptsache, das Ergebnis unter dem Strich stimmt. Es lautet: „Geld und Macht. vom Volk für das Volk."

Ein gewaltiges Schauspiel, das die Menge der Erdenbürger erträgt, dulden muß und bezahlt. Mit dem einzigen, was sie hat: ihre simple Arbeitskraft, ihren angeborenen Verstand und ihren Lebenswillen – ihre Naturgaben.

Dafür aber wird der Erdenbürger reichlich belohnt. Mit Kühlschrank und Fernseher – auch in der Eishütte und im Buschzelt. Mit Produktion und Umsatz, mit Bruttosozialprodukt und Freiheit und Information, was in der Welt geschieht. – Mit Weltreisen, ins All reisen. Den Mond bewandern. Einfach herrlich zu beobachten, wie die Kometen auf dem Jupiter einschlagen und berechnen, wann die Erde von Kometen getroffen wird. Auf der Erde blüht dabei das Kriegstreiben, das nicht überwunden werden kann. Das ist doch die Unfähigkeit der niederen Politik, der kleinen Machthaber. Putzfrauenarbeit ist doch nicht Sache des Generaldirektors. Dafür hat er seine bezahlten, überbezahlten Trabanten.

Politiker – Putzkolonnen kümmert euch um Arbeitslose, Asylanten, Kriegsflüchtlinge, Wirtschaftsflüchtlinge, Behinderte und Pflegefälle. Wir – wir Anonymen arbeiten am Zeitgeist. An dem Öl, das zum Lauf der Weltgeschichte nötig ist – dieses geistige Öl.

Wo Menschenrecht hin muß, muß ja erst unterlassene Menschenpflicht gewesen sein. Wo Umweltschutz nötig wird, war je erst Umweltzerstörung, zumindest -verschmutzung.

Wo Freiheit verlangt ist, war je erst Unfreiheit. Wo Schuld nötig ist, gab es ja erst Unschuld, und wo Sühne folgt, gab es ja erst Straftat.

Laßt uns große Machthaber dies bewerten – ihr kleinen Ordner. Tagespolitiker, richtet euch nach unseren Leitsätzen, nach unserer herrschenden Meinung, und es wird sein die Ordnung, die dann scheinbar ihr geschaffen habt. Nach unserem Geist, Zeitgeist!

Ein Geist für 1.000 Hände! Versteht das endlich, ihr emsigen, egoistischen Tagespolitiker!

Und sie verstanden. Die Politiker, Wirtschaftsbosse, Gewerkschaftsführer, Parteifunktionäre. – Alle, alle ka-

men und verstanden. Was brachten sie zuwege? Behaupten sie zuwege gebracht zu haben?
Natürlich nur auf dem Gebiet, für das sie zuständig waren. Was sie übersehen konnten und sollten.
Vorrangig notwendig: Der eigene Arbeitsplatz, die Mitarbeiter, womit die eigene Bedeutung unterstrichen werden mußte. Je mehr Mitarbeiter, umso größer die eigene Wichtigkeit. Es kommt in der staatlichen Verwaltung nicht auf gewinnbringende, rationelle Produktion an. Der Umfang des Mitarbeiterstabes gibt Gewicht. Die Kosten trägt das Volk, werden auf das Volk, die produzierenden Arbeiter, die schaffenden Mittelständler und Freiberufler, an wagemutige Geschäftsleute abgewälzt – das gelingt dem Steuer- und Finanzexperten schon. Er hat Zeit und Leute, herauszufinden, wie auch dem Ärmsten noch der letzte Pfennig aus der Tasche gelockt werden kann – ohne daß er es merkt. Direkte Steuern, indirekte Steuern. Der Staat, die Staatsfunktionäre brauchen Geld – für das Wohl des Volkes, wie sich von selbst versteht! Ein sich immer wiederholendes Spiel seit es Herrscher und Beherrschte gibt. Menschlich ist das! Nicht naturgemäß! In der Natur hat jedes Lebewesen für sich selbst zu sorgen. Soweit es Rangordnung gibt nach den Beobachtungen der Wissenschaftler (also der Menschen), dienen diese Ordnungen brutal der Selbsterhaltung, der Arterhaltung. Soweit der Natur sozialstaatliche Systeme angedichtet werden, hören deren Sozialleistungen auf, wenn der Einzelne nicht mehr leistungsfähig ist. Dann wird er vergessen, verstoßen, vielleicht aufgefressen. Die Natur kennt offensichtlich keinen menschlichen Sozialismus. Der Mensch geheimnist seine organisatorischen Findigkeiten in die Natur hinein. Der Mensch hat sich von der Naturlebensart weit entfernt, kraft seines Geistes, den er Vernunft nennt. Die Vernunft der Natur hat der Mensch verlassen oder gar nicht erkannt. Wer weiß, warum das so ist? Sicher ein paar Wissenschaftler, denn der Mensch

weiß doch alles, muß doch alles wissen, wissen wollen. –
Bleiben wir bei den menschlichen Ordnungsschöpfern.
Sie haben ihre Position – und wenn sie bedeutsam genug sind, reisen sie zur Zeitgeistverströmung in Länder
mit einem Stab von mehreren hundert Beschäftigten. Jeder mit seiner Dienstaufgabe für den hohen Herrn. Arzt,
Schneider, Koch, oft Ehefrau, Frisör, Kraftfahrer – einfach notwendiges Gefolge für die bevorstehende Zeitgeistgestaltung. Die besuchten Mächtigen bewundern, die
Menge staunt und jubelt – wie ehedem und immer wieder. Sie hat Grund zum Jubeln. Großes ist geschehen.
Die Menschen sind frei. Sie dürfen wählen in der Ge-
wißheit, daß die Wahlergebnisse nicht gefälscht werden.
Die Hochrechnungen stimmen fast ziemlich genau, und
die Umfragen verlieren an Überraschungen. Ein beleben-
des Zahlenspiel – wahre Zeitungsberichte. Ein gebildetes
Volk. Es kann lesen, schreiben, singen und tanzen, Ten-
nis, Golf und Fußball spielen. Es kann alles, in Freiheit,
Menschenwürde und in einem demokratischen Staat, auf
dem Weg in ein organisiertes, besseres Europa, wo alle
Wohlstand erleben und nach eigenem Geschmack etwas
tun oder auch lassen können. Urlaub und Reisen, Auto
und Flugzeug, alles, aber auch alles ist zu haben, für alle,
jedenfalls theoretisch und – wenn sie nicht wären, die Arbeitslosen, die Pflegefälle, die Asylanten, Umsiedler und
Flüchtlinge. Aber keine Panik. Arbeitsämter gibt es, So-
zialämter, Flüchtlingslager, Pflegeheime, Hilfsorganisa-
tionen. Derweil traut sich ein Teil der Bevölkerung schon
gar nicht mehr auf die Straße aus Angst vor Taschendieb-
stahl, Überfällen und alkoholisierten Autofahrern, ver-
kehrswidrig fahrenden Motor- und Radfahrern. Also
Angst vor all denen, die die Freiheit in ihrem höchst persönlichen Sinne praktizieren.
Doch die Politiker haben Erfolg. Ihre Parteien gewinnen Stimmen. Das Volk hat Charakter, es wählt endlich
die richtige Partei. Die Parteifunktionäre müssen nur den

Zeitgeist erfaßt, ihn dem Volk einleuchtend dargestellt und Wohlstand für alle überzeugend versprochen haben. Nach der Wahl wird man sehen, aber zunächst haben die Funktionäre ja 4 oder 5 Jahre Zeit. Das ist doch etwas! Zeit und Posten und Staat und Diäten, alles vom Volk, dem treuen und fleißigen bezahlt. Es gibt ja auch Versicherungen, Banken, Kreditinstitute. Denn, um im Wohlstand zu leben, sind diese Anstalten wichtig. Dagegen ist nicht so wichtig, ob Wohlstand auf Kredit oder auf Guthaben basiert. Wohlstand ist Wohlstand! Staatsschulden sind doch nur fauler Zauber. Welcher Staat zahlt schon seine Schulden? Vielleicht die Staaten, die Kriegsschulden haben, wenn sie dann auf der Siegerseite stehen und aufrechnen können – mit geschichtlichen, unvorhergesehenen Ereignissen oder nach dem Willen anonymer Machthaber, den Fädenziehern hinter den Kulissen, mit Geheimdienst und Geheimdiplomatie.

Der zwischenstaatliche Schuldendienst hat seine eigenen Regeln, seine politischen Nuancen und seine Geschäftsmacher. Der Schuldendienst treibt seine Blüten und bringt einigen Hintermännern Gewinn. Nur das Volk kommt nicht dahinter, nicht einmal ein Rechnungshof, es sei denn zufällig oder einer „singt"

Warum ist das so? Warum dem so ist? Kleinmächtige, Alltagspolitiker und das Volk dürfen nur das erfahren, was die Zeitbeherrscher gestatten.

Das Volk, die Völker wurden zu aller Zeit nur soweit informiert, wie es die Machthaber für nötig hielten. Man täusche sich nicht. Mit Hilfe der Medien wird zwar das Volk auch über Hintergrundpolitik informiert. Tägliche Ereignisse, Katastrophen, Sensationen, Skandale – hintergründig kommentiert – flimmern und flattern dem Volk in die Wohnungen. Das Geheime der Machtpolitik bleibt aber verborgen. Wenn ein geheimer Politiker nach außen einmal einen Schatten wirft, sieht ihn dann schon das Volk auf dem Bildschirm mit Kommentaren derer, die an der Geheimpolitik selbst nicht teilhaben. Die Wahrheit bleibt weiter im Dunkeln.

Veröffentliche Wahrheit in Zahlen: Unser Kreditwohlstand beruht im Jahre 1994 auf 2,1 Billionen DM Staatsschulden. Bei 60 Millionen Staatsbürgern ergibt das: 2.100.000.000.000 : 60.000.000 DM. Die hinteren Nullen heben sich auf. Es bleiben: 210.000 : 6 = 35.000 DM pro Kopf.

Dieses Sümmchen werden unsere Politiker schnell reduzieren. Ganz einfach. Sie sorgen für Staatsbürgschaften an unsere ausländischen Mitbürger und klick! – die Schulden verteilen sich weiter. Verteilte Schulden sind geringere Schulden. Endlich kann man begreifen, warum einfältige Tagespolitiker so gern Staatsbürgschaften vergeben wollen. Sie sehen Zahlen, aber nicht die Unterschiede der Bürger.

Mit Schuldenlast kommt jeder unserer Staatsbürger zur Welt. Er merkt und weiß es nicht. Was Zahlen und was Schulden sind, lernt er erst im Laufe seines Lebens kennen, wenn es lange genug dauert. So wichtig ist diese Kenntnis nicht. Kein Wunder, daß die einen Politiker fordern, mehr Schulden machen, die anderen, Schulden abbauen. Im Grunde eine Lebensauffassung, die richtig oder falsch sein kann. Jedenfalls spielen Schulden erst dann eine Rolle, wenn sie einen persönlich bedrücken. Bei Politikern wird der Staat bedrückt, na und? Der Staat – Wer ist das? Wir alle? – Wahrscheinlich! Aber die Politiker mit ihrer Abgabe- und Steuerfindigkeit werden schon von denen Geld holen, die welches haben. Das ist doch klar. Wo nichts ist, hat selbst der Kaiser sein Recht verloren. Es ist so ein feines Schuldenspiel, – das Umverteilen, das Umstrukturieren. Umschulden bringt auch weiter für Kreditgeber Gewinn. Bei den Schuldnern spricht man dann von Minus-Ertrag. Bemerkenswert: Minus und Schulden werden in rot geschrieben. Wer das erfunden hat, war sicher ein Buchhalter. Schwarz und rot läßt sich leicht unterscheiden, insbesondere wenn die Farben auf weissem Papier erscheinen. Jetzt wird auch erklärbar, warum schwarz-weiß-rot so nationale Farben sind. Wohlstandsfarbe oder Schuldenfarbe – man muß es nur erkennen. Das politische Problem scheint indessen so gelagert: Wo Schuldner sind, gibt es Gläubiger, hartnäckige und geduldige, aber alle wollen einmal ihr Geld zurück. Sind Staaten Schuldner und Staaten Gläubiger, ist die Plattform für ein echtes politisches Spiel geschaffen. Diese Lieblingsbeschäftigung der Staatsmächtigen, der Männer, die Geschichte machen und der anonymen Fädenzieher. In ausgewählten Orten, mit allem Pomp und Schauspiel, wird über Schulden verhandelt. Es wird dabei Kultur betrieben. Theater, Ballett, Grundsteinlegung, Denkmalenthüllung, Festreden – für die Außenwelt. Heimlich wird gefeilscht, gerechnet, erpreßt, bestochen und an Zahlen gedreht, werden Forderungen erhoben, Gnade und Nachsicht erbeten. Aber den Schuldnern geht es doch an den Kragen mit Sanktionen, Embargos und schließlich mit Gewalt, schlicht auch militärischer Zwang genannt. Schließlich muß der Staat zahlen. Der Staat ist das Volk, und das Volk muß begleichen oder siegen. Die Schulden des Siegers werden beglichen. So einfach ist das, im Großen wie im Kleinen. Kleine Habenichtse bringen sich und oft ihre Familie um. Die „wirtschaftliche Not", die Schulden führen zum Kurzschluß. Die Staaten bekämpfen sich. Es kann auch sein, daß ein reicher, kreditgebender Staat von seinen Schuldnern eingekreist wird. Mehrere Schuldnerstaaten vereinigen sich, um den Gläubigerstaat zum Nachgeben zu bringen. Im Kleinen wie im Großen. Geld oder Leben. Eine simple, brutale, menschliche Formel! Man will's nicht glauben. Aber alle Kriege waren und sind mit edelklingenden Motiven und Zielen verbrämt. In Wahrheit geht es um Macht, die eben durch Reichtum, Geld erlangt wird. Geld – der Gott der Erde! Ehe Geld erfunden war. war es eben Besitz, an Land und Sklaven, Männern und Weibern, an allem, was da kreucht und fleucht. Es konnte alles genutzt und verwertet werden. Es ist nicht anders geworden. Nur die Mittel und Methoden wurden mit der Zeit weiterentwickelt. Pfeil und Atombomben sind Menschenwerk wie Computer und Bildschirm. Ohne diese Errungenschaften scheint ein jetziges Menschendasein nicht denkbar. Was aber vergessen wird: Der Mensch ist Mensch geblieben, mit allen seinen Eigenschaften, die er selber seit eh und je in gut und böse klassifiziert. Es muß doch Wertungen geben! Wo kämen wir denn hin? Die Zeitgeistmacher spielen mit Wertungen. Das ist ihr Metier. Während ein Teil der Menge ums nackte Dasein ringt, wissen die anderen nicht, wie sie ihren Reichtum verwenden sollen. Außer mit sich, ihrem Geld und ihrer Macht kennen und wollen sie keine Beschäftigung. Geld und dadurch Macht ist ihre Daseinsbestimmung, ihr Schicksal.

Wahrlich, Menschen, reiche und arme Menschen seit eh und je! Wenn sie es nur bald begreifen, nicht erst auf dem Totenbett.

Da ringen Politiker angeblich nach Alternativen, nach Ersatzmöglichkeiten, um wirtschaftliche und kulturelle Probleme zu klären – sie streben nach Klarheit, Wahrheit und Gerechtigkeit für alle. Das Politikerheer, es predigt den Idealstaat, den Rechtsstaat. Es erstrebt aber nur Macht, die mit Recht und Rechtsstaatlichkeit nach Belieben umgeht.

In dem Kampf um die Macht werden Schlagworte geboren, wird zur Schau gestellt, werden Bilder inszeniert, Zukunftsprognosen orakelt, Lebensängste erzeugt. Dabei wird durchaus nützliche Kleinarbeit geleistet, reale Verbesserungen dem Volk auffällig dargeboten, um es friedlich, gefügig, regierbar zu halten.

Bildung und Sport werden hervorgehoben, Arbeit für jeden versprochen. Auf historische Leistungen wird hingewiesen und erworbener Wohlstand gepriesen. Gesetze werden geschaffen, deren Verfassungsmäßigkeit dann vom obersten Staatsgericht – von Juristen, auserwählten natürlich – mit Gesetzeskraft bestätigt wird oder auch nicht. Wenn Politiker, Parlamente versagen, die Juristen, Gerichtshöfe werden klären. Der Rechtsstaat wird zum Rechtsmittelstaat. Staatsführung wird Juristenentscheid. Die Zeitgeistmacher sind am Werk, ihrem Mach- und Machtwerk. Das Volk aber leidet und streitet um sein kleinliches, sehr persönliches Fallrecht. Die Gerichte entscheiden in Überlastung nach bestem Wissen und Gewissen.

Die Bürger sind guten Willens. Der gute Wille wird von den Politikern ausgenutzt für parteipolitische Zwekke, für Parteimacht, für Parteifunktionäre. Die Belastbarkeit des Bürgers wird getestet, geortet. Im Wahlkampf wird das gesamte Volk angesprochen. Sonst denkt man von ihm: Menge, Masse, Pöbel, der sich selbst helfen muß, wenn er Hilfe braucht. Das Volk braucht Hilfe, staatliche. Es ist ja selbst das Staatsgebilde.

Die Natur, Allmacht, Gott schuf Lebewesen, Arten, Menschen, Rassen. Der Mensch schuf Völker, Länder, Staaten. Bei dieser Menschenarbeit begann der Wertungswahn. Auserwähltes Volk! Gelobtes Land! Herrenmenschen! Nordische Rasse!

Die Zeitgeistmacher schaffen Anschauungsmaterial und diktieren Meinungen. Rassistische Untaten der Väter millionenfach sind unbestreitbar. Zweifel ist strafwürdig. Gibt es denn überhaupt Zweifler? Kein Zweifel!

Rassismus ist und wurde und wird zum Geschäft vergangener und künftiger Zeitgeistmacher. Wer legt sie rechtzeitig an die Ketten?

11. KAPITEL

NOVUM IM ZEITGEIST – UNTER-
WANDERUNG DER VERNUNFT

*Wert ist etwas anderes
als der Preis.*

Richard von Weizsäcker,
ehemaliger Bundespräsident

Ein historisches Novum – oder gibt es in der Geschichte Beispiele? Die Historiker müssen nachspüren, der Wahrheit zuliebe. Alles der Wahrheit wegen. Jedenfalls – neu ist nicht: Wer nicht glaubt, was er glauben soll, wird bestraft. „Hier stehe ich und kann nicht anders." Der das sagte, war das nicht einer, der unter Lebensgefahr glaubte, was er nicht glauben durfte? Doch die Gefahr betraf nur ihn, nicht seine Sippe. Zeitgeistlich neu indessen. Ein Fall der Glaubensstrafe eigener Art.

Es waren staatsmächtige Kapitalverbrecher in millionenfacher Weise und die Folge ist: Den später geborenen Bürgern werden die Verbrechen der Vorfahren angelastet. Der dumme Nachgeborene zweifelt. Entweder aus Starrsinn oder weil er meint, was geht das mich an, was Mächtige vor mir verbrochen haben. Weil ich ein Nachkomme, völlig Unbeteiligter an Verbrechen bin, aber als Angehöriger des Tätervolkes geboren wurde, muß ich mir doch meine Meinung nicht vorschreiben lassen. Ich bestreite mit Nichtwissen, ich war nicht dabei, ich weiß nicht, was geschehen ist. Was man mir erzählt, glaube ich nicht, ohne es zu meiner Überzeugung geprüft zu haben. So argumentiert der Ungläubige und – statt zu schweigen – er hat etwas von Meinungsfreiheit gehört,

113

aber deren Grenzen nicht erkannt – redet er und macht sich strafbar.

Die Grenzen der Meinungsfreiheit sind ebenso schwierig wie die Grenzen der Freiheit überhaupt. Die Grenzen liegen offenbar dort, wo die Rechte, das Ansehen von Opfern der Gewalt berührt werden. Woher soll der einfache Bürger das wissen?

Von der Schule, aus der Erziehung im Elternhaus? In einer Zeit, in der antiautoritäre Erziehung zum Zeitgeist erhoben wurde? – Gerade von den Zeitgeistmachern, den anonymen und den sichtbaren Bildungsfunktionären als brave Diener der Anonymen.

Bildung? Wodurch? Durch Schulen oder durch das tägliche Leben? Macht es doch dem einfachen Volksgenossen endlich klar. Er hungert doch so nach Bildung, Fortschritt und nach weiterer Ausbildung, vom Staat angeboten und finanziert, also von den Bürgern allen, damit möglichst viele gebildet, Bilder von Könnern und Charakteren werden. Der Weg ist schwer und weit. Der Erfolg hängt vom Einzelnen selbst ab. Wenn er es nur begriffe.

Der Staat, das Elternhaus, die Schule können nur den Rahmen bieten. Bilden kann sich der Mensch nur selbst. Aber mit dem Rahmen wird bereits viel verdorben, weil er wurmstichig ist. Weil die staatlichen Bildungspolitiker ihre Erziehungsmaßnahmen für maßgebend halten und alle anderen Einflüsse zu verdrängen suchen. Das geduldige Volk erliegt den Zeitgeistmachern, den kleinen Zeitgeistpropheten. Das Volk hat tägliche Sorgen, von denen es glaubt, daß die Politiker sich erst vor der nächsten Wahl wieder daran erinnern und davon reden, aber nichts ändern werden. Schlägt das Volk die Zeitung auf, liest es mit Sicherheit etwas über Lehrer. Als wenn es keine anderen Berufe gäbe. Die Lehrer arbeiten eine Stunde zuviel und sind überlastet. Die Schülerzahl ist zu groß und zu gemischt. Beamte müssen sie rechtzeitig werden. Besser bezahlt und noch mehr Ferien und altersversorgt. Der Lehrerstand ist überaltert.

Es ist absolut gerecht, daß Lehrer verbeamtet werden müssen. Sie leisten hoheitliche Aufgaben. Jugenderziehung, Staatsjugenderziehung, nach den Vorschriften des Staates. Kinder und Jugendliche haben nur das zu lernen, zu können und zu wissen, was sie als Staatsbürger brauchen, von beamteten Lehrern gelehrt. Was sie als Mensch nötig haben, ist so wichtig nicht. Beamtete Lehrer müssen doch nicht Erzieher sein. Lehren, nicht erziehen, ist Lehreramt! Wo kämen wir denn hin, wir freien Bürger! Anstand, Charakter, Ehrfurcht, Menschlichkeit, Geistes- und Herzensbildung: Ach, was für veraltete Vorstellung und Werte. Seniles Elterngeschwätz, wenn Eltern überhaupt noch wagen, von Erziehung zu reden. Was verstehen die Alten von Computern, Disko und jugendlichem Sex. Diese Trottel aus der guten, alten Zeit, zu alte Zeit. Die Lehrer und die zuständigen Gewerkschaftsfunktionäre schaffen die Bildung der Jugend schon. Zunächst werden genügend Schultypen geschaffen oder einfach umbenannt. Differenzieren muß man, das Leben ist so vielfältig.

Grundschule, Volksschule, Hauptschule, Sonderschule, Hilfsschule, Mittelschule, Realschule, Oberschule, Gymnasium, Privatschule, Berufsschule, Volkshochschule, Fachhochschule, Hochschule, Universität und vor all dem soll der Kindergarten, die Kinderschule, zusätzlich der Kinderhort stehen. Warum? – Eltern haben keine Zeit für Kinder, ihre Kinder. Sie müssen Geld machen, sich selbst entwickeln, persönlich entfalten, freie Menschen sein mit Urlaubsreisen in fernste Länder und Zweitwagen – mit geraden und ungeraden Kennzeichen – wegen des eventuellen Fahrverbotes bei Smok oder den Sonntagen! Die Umweltschützer vermindern so das Autofahren. Diese Luftverschmutzungsprüfer, sie sollten nicht übertreiben und sich mehr um Geistesschmutz kümmern in den Sexheften, Illustrierten, in den Hirnen der Pornografen und derer, die Freiheit und Willkür verwechseln und Menschenwürde als Schlagwort zum Geschäftemachen verwenden – schlicht, täglich die Sprache als Täuschungsmittel mißbrauchen, um geistiges Kulturgut zu zerstören. Dieser Bildungswirrwarr, er entsteht, weil zu viel verwaltet, statt produziert wird. Begriffsungenauigkeit wird zum besten Werbemittel. Lesen und Schreiben sollten Menschen lernen und begreifen, daß sie zunächst und zuerst sich selbst zu bilden und zu versorgen haben. Nicht auf Kosten und zum Schaden anderer Menschen müssen sie rechtzeitig an ihre Selbständigkeit herangeführt werden. Sie müssen erkennen, daß Ausbildung eine Stufe zur produktiven, bezahlten Arbeit ist und nicht Selbstzweck. Sie müssen erfahren, daß ihre Ausbildung von anderen, von allen bezahlt wird und daß Ausbildung eben nicht verzögert, vertrödelt oder gar willkürlich unterbrochen oder gewechselt werden kann. Disziplin, Selbstzucht, Verantwortung müssen gelehrt und gelernt werden. Aber Lehrling, Lernender ist ja keiner. Auszubildender ist der Mensch! Zu einem Bild Auszubildender – zu einem Vorbild sogar, einem modernen natürlich. Vorbilder aus Sport und Schauspiel – die beiden beliebtesten Arbeitsgebiete des modernen Menschen – geprägt durch Job- und Gelddenken.

Die selbstlosen, eifrig arbeitenden Sportler, diese Idealisten! Die ehrlichen Darsteller – Schauspieler. Alle wahre Volksdiener! Berufe zwischen diesen Polen sind Füllsel – Arbeitsstätten, Beschäftigungen mit oder ohne Erfolg – zufriedenstellend oder nicht. Ausgefüllt von Alltagsmenschen, unbeachtet, nichtssagend – vielleicht glücklich – anständig. Aber mit ihnen macht niemand Werbung. Sie sind nur deren Konsumobjekte, Verbraucher, schließlich verbrauchte Verbraucher – Fallengelassene!

Die Werbung macht Sportidole und wird mit den Sportidolen gemacht. Für Sportartikel, Stärkungsmittel, Getränke, für die Gesundheit, für Kraft und Grazie, für Schönheit.

In Wahrheit für den Umsatz der Produzierenden, die den Idolen Gagen in Millionenhöhe zahlen. Idole sind doch unbezahlbar – ihre Gagen geradezu bescheiden. Die Produzenten erzielen offenbar mit Idolen mehr Millionen. Anders läßt sich dieser marktwirtschaftliche Werberummel nicht erklären. Für Leistung wird ja nicht bezahlt, sondern für Werbewirkung. Das Idol hat für die Werbeaufnahmen ein paar Stunden geopfert von seiner seltenen Freizeit. Die Bilder des Idols wurden vervielfältigt in die Fernseherhirne vor den Glotzen geflimmert. Die Glotzer kaufen, was das Idol anpreist und glauben, wie Idole zu wirken. Diese Einbildung bringt den Umsatz. Ursächlich dafür das überbewertete, verherrlichte Idol. Die Werbebranche, die Produzenten, die Idole – alle drei mischen geschäftig zusammen, nur um Geld. Herrlich aktive, freie Marktwirtschaft! Wenn sie nicht wäre, wie schlecht ginge es den Idolen, diesen Edelmenschen, braven Teamgeistern, treuen Kameraden.

Auch Schauspieler spielen Idol – für Geld. Kein Vorwurf, sie spielen Schau, Show. Sie werden Showmaster und schauspielern für Werbung, für leicht zu machendes Geld. Der Verbraucher zahlt. Er kommt nicht auf die Idee: Wenn Du, Idol, auf solche Maschen auch noch Geld (Kohle) machen willst, dann suche Dir einen anderen Dummen. Was Du anpreist, kaufe ich gerade nicht!

Die Werbebranche, die Bluffindustrie, betreibt die verlangte Reklame. Den Verbraucher fest psychologisch in der Hand. Bluff ist zunächst einmal wirkungsvoller als Sachlichkeit. Der Schein hat seine eigenen Gesetze. Werbefachleute arbeiten mit der Scheinwirkung. Hauptgebiet wohl Fernsehwerbung. Technisch vollendete Tricks zur Darstellung von Phantasiegebilden als Wirklichkeit. Ein Spiel mit der Gutgläubigkeit der lebensgierigen Menge. Geschäft ist Geschäft, gut, wenn es noch seriös angeboten wird. Das Dasein ist ohne Werbung nicht mehr vorstellbar.

In diese Richtung zielt der nutzbringende Zeitgeist der Werbungsmacher der erkennbaren Zeitgeistmacher vor Ort. Die Macht der Werbung (Reklame, Propaganda) kennen die Volksführer, Politiker und Funktionäre gut! Dezent nennen sie es „Öffentlichkeitsarbeit". Indessen, was wirklich gut ist – wirkt durch seine Güte. Wächst stetig, ohne Werbung erfolgreich. Nur geht dieses Wachstum den Geldgierigen zu langsam. Sie haben keine Zeit. Also helfen sie dem Wachstum nach, mit allen Mitteln und verletzen Wahrheit und verfälschen Wirklichkeit – ist ja nur Werbung! Wer erkennt die Methode im Volk wirklich? Zu spät wird der Zeitgeist der Werbung enttarnt und selten überwunden.

Zeitgeist ohne Werbung – eine Suppe ohne Salz. Die Güte der Suppe hängt von der richtigen Brise Salz ab, vom guten Koch!

Die Köche des Zeitgeistes bedienen sich auffälliger Fakten als Gewürz, um den Zeitgeist schmackhaft zu machen. Die Verwertung des Zeitgeistes bringt das gewünschte Geschäft, bringt Gewinn und Macht.

Sportidole sind auffällige Fakten. Die Auffälligkeit wird durch Medientätigkeit geschäftstüchtig gesteigert. Gefährlich leben sie ja auch, die Idole. Die Gefahr rechtfertigt die gezahlten Werbegagen und hohen Gehälter.

Die Fans der Idole sind wie früher – erfolgswendig. Sie schreien „Hosianna" oder „Kreuzigt ihn" – je nach dem Spielergebnis des Idols. Wurde doch ein Fußballidol erschossen von Fans – was ja Liebhaber oder Fächer heißt – weil er ein Eigentor verursachte und damit den Sieg verhindert hatte. Das Eigentor war tödlich! Dem Ermordeten nützen auch seine Millionen nichts. So der Wille der Fans!

Die Idole sind bald verbraucht. Während der Normalmensch bieder bis 65 Jahre arbeiten kann, ist das Idol mit 30–35 Jahren am Ende seiner Kraft und weiß nicht, was es arbeiten soll. Da hilft schon ein Millionenkonto, wenn es noch da ist. Idole haben nicht nur Millionen – dank der freien Marktwirtschaft – hinter ihnen stehen nicht nur Fans, sondern auch Frauen und Männer. Diese sind gefährlich, weil geldgierig. – Models, Schauspielerinnen, Frisösen, Bardamen, Liebhaber und Manager und Trainer – und Drogen. Sie wirken auf Idole, deren Kraft meist in den Beinen oder Armen, auch im ganzen Körper, liegt. Die angetraute Frau mit Kindern wird verlassen. Das kostet was. Die neue kostet mehr. Da braucht dieses Idol doch schon Millionen. Und mit 35 Jahren versiechen die Stätten des Ruhmes, dünner rieselt das Geld. Nun müssen neue Quellen angebohrt werden. Eine beliebte Quelle sind Buchveröffentlichungen. Auch Verlage haben Manager und bieten Geld. Sie drucken zwar keines. Sie setzen es nur – wie eben alle Wirtschaft – um. Umsatz, Buchauflagen.

Da waren doch Streitereien, miese Geschäfte, Doping. Da war doch was! Schließlich hat man doch auch Erinnerung. Memoiren! Die schreibt man, läßt sie schreiben. Schriftsteller hat man doch nicht gelernt. Als Idol des Sports ist das Hirn nur sportlich, aber nicht schriftstellerisch trainiert. Logisch! Auch Schauspieler, Sänger und Musiker sind nicht schriftstellerisch begabt.

Die Memoiren bringen Geld, noch einmal, ein letztes Mal. In diesem Punkt nähern sich die Gedanken des Idols denen des braven Politikers, des selbstlosen Dieners des Volkes. Auch sie werden Schriftsteller, wenn sie in Ehren und Würden die politische Bühne verlassen haben oder verlassen mußten. Die Versorgungsbezüge, für das Volk traumhaft hoch, reichen für den arbeitslosen Politiker a. D. nicht aus. Und er erinnert sich:

Da waren doch Affären, Skandale, die in der Amtszeit des Politikers a. D. mit der Tugend des Schweigens verhüllt wurden. Interessantes für die Öffentlichkeit. Jetzt wird enthüllt. Das Volk hat ein Recht auf Wahrheit, das unsäglich dankbare, ehrliche Volk! Die Salonkommunisten und Bolschewiken, die Neofaschisten und Scheindemokraten werden entlarvt. Verstellungskünstler und Pseudodiplomaten – runter mit der Maske. Die Welt muß dargestellt werden, wie sie ist und nicht, wie sie sein soll. Die Schein-Europäer, diese Geldwechsler, diese Korruptionskünstler – im Buch werden die Karten offengelegt. Die Karten, die der Politiker a.d. zu seinem Nutzen und Wahrheitssinn offenlegen will. – Mehr nicht und nicht weniger, gut ausgewählt wegen der Wahrheit, der so mächtigen Geldwahrheit! Diese herrliche Einrichtung der freien Marktwirtschaft. Es ist nicht leicht, dieses Wechselspiel der Geldkraft zu erkennen. Da muß man in seiner Bildung schon Teamgeist gelernt und von Gruppendynamik etwas mitbekommen haben. Da reicht Hörfunk nicht aus, es muß auch Sehfunk sein, der noch mit Riech-, Geschmacks- und Gefühlsfunk verbunden werden soll. Nicht nur Sehen und Hören, auch Geruch, Gefühl und Geschmack muß mitgefunkt werden. Der Fortschritt ist auf dem Wege: das Meer rauscht nicht nur aus dem Funkgerät, es verströmt auch Meeresduft.

Herrlicher Fortschritt – herrliche Marktwirtschaft – herrlicher Zeitgeist. Und alles, weil einige Menschen denken, weiter denken, noch viel weiter denken, computerdenken.

Kein Wunder, daß die Universität Trier ein Lehrfach schuf: „Vernetztes Denken". Ein tolles Novum. Wenn doch nur die Menschen endlich ohne Netz human denken könnten. Echte Bildung wäre erreicht, wenn –.

Der Mensch denkt – wenn er denkt – doch nur für sich. Wenn er redet und schreibt, redet und schreibt er für sich und andere. Was das Geschriebene soll, auch darüber entscheidet die werbende Marktwirtschaft, das Umsatzdenken der Verleger, notwendigerweise in Blickrichtung auf den Zeitgeist. Zeitungen, Tageszeitungen, Illustrierte werden gelesen, überlesen; Bücher, mehr gekauft als gelesen. Doch Autoren hoffen, vielleicht liest mein Produkt doch jemand. Hoffnung gehört auch zur Marktwirtschaft. Sie ist menschengemäß. Jeder nutzt seine Möglichkeiten und Fähigkeiten mit Mitteln, die er persönlich oder ein Sponsor zur Verfügung stellt.

Politiker nutzen auch ihre Möglichkeiten und Fähigkeiten mit staatlichen Mitteln, dem Geld des verschuldeten Volkes. Die Politiker stecken die Gelder auch in die Entwicklung, die Entwicklungshilfe. Marktwirtschaftliche Denkweise, humanitärer Zeitgeist. Großartig! Das brachte den staatlichen Geldboten Ansehen, Doktorhüte, Beziehungen als Ausgleich für den bescheidenen Lohn im Staatsamt.

Mit Löhnen für Wirtschafts-, Sport- und Kulturmanager nicht vergleichbar. Dieser Unterschied ist eine Schattenseite, ein Krankheitsbefund in der Geldmaschinerie der Marktwirtschaft, gehört aber dazu. Da bleiben vielleicht doch ein paar Prozent mehr versehentlich irgendwo bei einem politischen Geldgeschäft hängen. Buchungsfehler, wer weiß es. Wäre doch menschlich! Vielleicht kommt einmal was ans Tageslicht. Durch Memoiren, aufgefundene Tagebücher, gesichtet durch die Hinterbliebenen für marktwirtschaftliche Honorare. Wir können immer noch ein paar Sensatiönchen erhoffen. Ist doch so vergnüglich. Wie erbauend jenes Gefühl: Wie übel sind doch die Großkopfeten und wie edel der kleine Mann, jeder von diesen Kleinen. Einfach erlebnisreich diese staatliche und private Marktwirtschaft. Es ist eben Marktwirtschaft. Kauf und Verkaufen ist essential. Nur nicht kleingeistig, provinzlerisch.

Politiker auf der einen Seite schufen Häftlinge nach ihrem Zeitgeistverständnis – Politiker auf der anderen

Seite kauften Häftlinge frei – wegen Menschenwürde, aus Menschlichkeit. Die beiden Seiten waren Funktionäre des 4. Reiches der Deutschen. Die Politiker strebten nach Entspannung, nachdem sie alles für Spannung getan hatten. Richtige Politik eben. Erst Krach, dann Annäherung. Erst Mauerbau, dann Häftlingskauf. Wenn das Volk etwas von Politik verstehen würde, würde es sagen: Miese Typen, diese Mauerbauer und Häftlingskäufer. Aber das Volk versteht nichts von Politik, hat noch nie etwas davon verstanden. Sonst hätte es diese Typen – hüben wie drüben nie geduldet. Man muß sich eben entschließen, Politiker zu werden und nicht in Politikverdrossenheit verharren, weil man von Politik nichts versteht. Politik ist Zeitgeistformung für geldliche Investition.

Politikverdrossenheit ist eine Erfindung der erfolglosen Politiker. Sie schreiben dann sogar von Demokratieverdrossenheit, die Gernegroßen. Das politisierende Volk wählt wieder – keine Angst. Sie wählen sogar die, unter deren Knute sie 40 Jahre lebten und klagten: Wenn wir doch auch frei, persönlich frei wären. Dann geschah das Wunder. Die Mauer wurde niedergerissen. „Wir sind ein Volk." Wer führt es? Wer denn schon? Die Politiker mit ihren Parteien, ihren Programmen. Bloß „führen" ist das nicht. Es ist Machterstreben oder Machterhalt – Machtkampf – kein Volksführen. Wegen dieser Macht blieben alte Seilschaften unter neuen Parteinamen.

Parteien wollen koalieren wegen der Macht, ihre Funktionäre wegen der Pfründe und ihres Bildes in der Geschichte. Noch ist nicht begreiflich, wie das Wunder der Wiedervereinigung plötzlich da war. Die mächtigsten anonymen Kräfte und die Zeitgeistmacher waren am Werk – ein Glück für die Deutschen, bis jetzt – jetzt bemühen sie sich noch oder wieder um Gemeinsamkeit, Deutschsein im europäischen Haus. Sie bemühen sich um historische Klarheit dieses Wunders und versuchen – menschlich entschuldbar – ihre entscheidende Rolle bei dem Vereinigungswunder zu beleuchten. Tagespolitiker stehen gern im Licht – die mächtigen Fädenzieher sieht man nicht.

Wenn die anonymen Mächtigen in der Wiedervereinigung der Deutschen nicht das kleinere Übel gesehen hätten, wären die friedlichen Rebellen hinweggefegt worden, wie einst die von 1953. Das ist ja auch schon über 40 Jahre her – mindestens ein Generationszeitalter. Deswegen verschwimmt Geschehen so schnell, weil die Generationen ineinanderfließen. Alles ist im Fluß.

12. KAPITEL
DER ZEITGEIST DES 5. REICHES

Politik ist auch die Kunst,
den Staub aufzuwiebeln,
der sich bereits gesetzt hat.

Otto Galo,
Publizist

Das wiedervereinigte Deutschland – das fünfte Reich –
müssen wohl nicht nur Historiker feststellen. Das Reich
der Überwindung der Trennung, die Suche und Verur-
teilung krimineller Geschäftemacher während der Trennung und danach. Hauptschuldige sind schwierig zu finden. Einer starb im Ausland. Das Fernsehen sendete ein
Portrait. Vielleicht war er doch ein guter Mensch, der
nicht glauben konnte, daß sein Volk auf einen Trabi über
10 Jahre warten mußte. Er hatte doch Trabis, jede Menge, wenn er wollte.
Der Zeitgeist eines guten Menschen wird konstruiert.
Diesmal nicht von Mächtigen, sondern von kleinen Fern-
sehpolitikern, die edel und erhaben erscheinen wollen
mit einer menschlich großmütigen Wertung.
Für das Volk bleibt ein Gauner ein Gauner, ein Verbrecher ein Verbrecher, ein Dummkopf ein Dummkopf,
ein guter Politiker ein guter Politiker.
Die Volksmeinung ist gar nicht so einfältig. Sie hat
noch Charakterzüge. Schon fischen Politiker nach Volksmeinung. Sie reden von Plebiszit, Volksabstimmung,
wenn es um grundsätzliche Probleme der Demokratie
geht. Das Volk soll entscheiden, nicht die Parteien. Als
wenn das Volk nicht seine Parteien wählte. Logisch, eine

Parteiwahl ist etwas anderes als eine Grundsatzfrage für das gesamte Volk. Gut, das Volk soll abstimmen. Dann muß es das ganze Volk auch tun. Also Abstimmungszwang. Es muß aber auch klar sein, daß, wenn mehr als 5 % sich der Abstimmung entziehen, aus welchen Gründen auch immer, nicht das Volk, sondern nur ein überwiegender Teil abgestimmt hat. Eine Volksabstimmung ist dann gescheitert. Logisch! Das gesamte Volk hat nicht mitgemacht. Es muß weiter parlamentarisch gehandelt oder das höchste Gericht angerufen werden. Wir haben doch Zeit und Gerichte, Parteien und Wahlperioden. Auf eine Periode hin oder her kommt es doch in der Geschichte überhaupt nicht an. Gerade jetzt, wo ein uniiertes Europa mit Parlament und Gerichtshof vor der Tür steht. Hetzt doch nicht so, habt Geduld; die Geschichte hat sie ja auch und wehrt sich nicht, wenn sie verfälscht, erneuert, geändert, umgestaltet wird. Nichts ist der Geschichte so gleichgültig wie Geschichte – nur die Mächtigen machen Geschichte. Die Historiker unter ihnen schreiben Geschichte. Menschenwerk! Vergangenheit hat keine Geschichte, sie ist Geschichte.

Die konstante Zeit kümmert sich nicht um die Menschen zu ihrer Zeit, um ihre Taten und Schicksale. Die Zeit fließt unbeteiligt dahin. – Unaufhaltsam – Kommen und Gehen – Leben.

Die Lebenszeit ist Schicksal und Rahmen der Einzelnen mit ihren vorhandenen Wirkungsfeldern und Richtungen. Er, der Mensch, hat sein Feld – nun wirke er! Sein Wirken ist es, was die Welt bewegt, im großen wie im kleinen. Jeden Tag, Moment, geht ein Wirken zu Ende. Neues Wirken folgt – Menschen folgen und wirken.

Sie werden sein: gesund oder krank, arm oder reich, zufrieden oder unzufrieden, mächtig oder schwach. Sie werden wirken wie ihr Schicksal oder Gesetz es befiehlt und wie sie meinen, ihre geistigen, körperlichen und seelischen Kräfte verwerten zu können. Schöner kann das Leben gar nicht sein.

Die Menschen wollen und müssen leben. Ist doch klar. Das Leben findet ständig statt. „Und Leben ist ja doch des Lebens höchstes Ziel." (Grillparzer) Die Menschen waren einst auf Nahrungssuche als Jäger und Fischer – sie vermehrten sich! Wie wahr! Hätten sie sich nur gemehrt, wenn die Natur die Paarungszeit bestimmt – wären sie naturnaher geblieben. Sie vermehrten sich aber eigenwillig und waren konsequent im Vormarsch. Sie vermehrten sich außerhalb des Naturryhtmus, des Zyklus in der Natur. Sie betrieben Mehrung ohne die Vernunft der Natur. Sie fanden das lustvoll, vergnüglich, sexy, einfach individuell, menschlich, lebensfroh. Ist es doch auch! Sie verdrängten den Naturwillen, den natürlich bestimmten Paarungszweck, der ausschließlich zur Fortpflanzung geschaffen ist. Ob ein bewußtes Verdrängen vorlag, ist aber fraglich. Die Schöpfung, der Schöpferwille – ließ er nicht gerade den Menschen freien Willen bis an des Menschen irdisches Ende? Sollten die Menschen ihr organisches Leben, das die Schöpfung geschaffen hatte, ohne weiteren Eingriff der Schöpfung selber gestalten. So großzügig war die Schöpfung. Sie hielt den Menschen offenbar für ihr bestes Geschöpf. Vertrauen ist gut, Kontrolle besser. Diesen menschlichen Erfahrungssatz benötigte die Schöpfung nicht, weil sie den Menschen für selbständig erklärte durch die verliehene Vernunft. Aber er erkannte die Güte des großzügigen Geschenkes nicht. Die Güte bestand in dem Überlassen der Verantwortung für sich und die anvertraute Natur. Der Mensch erhielt Vernunft, um Verantwortung zu tragen. Welch edler, erhabener Schöpferwille! Welch verkannter Schöpferwille!

Doch die Verantwortungsträger betrieben Selbstvermehrung nach eigenem Willen. Ihre immateriellen Errungenschaften bezeichneten sie als Kultur. Ihre materiellen als Zivilisation. Freilich bedingen sich Materielles und Immaterielles gegenseitig, hängen voneinander ab, wie Körper, Seele und Geist. Das notwendige Zusammenspiel ergibt den Fortschritt. Über diesen wurde und wird immer wieder nachgedacht. So schrieb die Akademie von Dijon die Preisfrage aus, ob der Fortschritt der Kultur die Menschen gebessert habe. Jean-Jacques Rousseau verneinte 1750 mit seinem „Discours sur les arts et les sciences" (Gespräche über Künste und Wissenschaften) die Frage. Er konstruierte einen glücklichen, naturhaften Urzustand der Menschheit, die durch Vergesellschaftung und Wissenschaft ins Verderben gefallen sei. Die preisgekrönte Schrift machte Rousseau über Nacht berühmt. Sein durch Kulturhaß einflußreich gewordenes Schriftwerk wollte kein „Zurück zur Natur". Diese Formulierung, von Banausen noch erweitert: „Auf die Bäume, ihr Affen" hat Rousseau nie gebraucht. Seine Überlegungen münden in die Mahnung, durch Erinnerung an die dem Menschheitsurzustand zugeschriebenen Werte (Freiheit, Unschuld, Tugend) die Gegenwartsverhältnisse vor Schlimmem zu bewahren. Für Rousseau ist „Kultur", die Aufklärung, nicht grundsätzlich abzulehnen, sondern die angeblich historische Entwicklung von einem ersten, ursprünglich glücklichen Gesellschaftszustand zur Rechtsungleichheit. Rousseau stellt folgerichtig die revolutionäre Forderung zur Wiederherstellung der „natürlichen" Rechtsgleichheit aller Menschen auf.

Die Natürlichkeit der Menschen im geistigen, seelischen wie im körperlichen Verhalten als Postulat, ist eine Forderung, die unverändert vernünftig erscheint. Was wurde daraus? Zurück zur Natur, auf die Bäume ihr Affen! – Fortschrittsdenken? Kein Kommentar geboten!

Rousseau überprüfte seine Überlegungen wieder und wieder ernsthaft. In seinem „Contract social" (1762) setzt er an die Stelle des einst gepriesenen freien Naturmenschen den politisch mündigen Bürger, der durch willkürliche Abtretung seine Naturfreiheit – von Rousseau nunmehr als Anarchie beurteilt – an einen Kollektivwillen den idealen Staat schafft. Das scharfsinnige Werk steht im Gegensatz zum absolutistischen Machtstaat und gilt als Grundbuch der modernen Demokratie. Die Mächtigen in Rousseaus Lebenszeit, die führenden Zeitgeistmacher, waren mit Rousseaus Morallehre und Glaubensfreiheit nicht einverstanden. Das Pariser Parlament verurteilte ihn. Geächtet und gejagt verbrachte er mehrere Jahre im Ausland (Schweiz und England). Seit 1770 durfte er wieder in Paris leben und vollendete dort seine Confessiones (Bekenntnisse). 1778 starb dieser kritische Geist in Ermenonville bei Paris. Da war er 60 Jahre alt. Seine Gebeine wurden 1794 im Pantheon beigesetzt. Daß sie wieder entfernt worden seien, ist eine Legende. Irgendein Zeitgeistmacher hatte offenbar auch mit dieser Legende Absichten – wer weiß es!

Rousseau jedenfalls forderte Natürlichkeit der Menschen und glaubte schließlich auch an den politisch mündigen Bürger – mit Natürlichkeit!

„Die Natürlichkeit ist nicht nur das Beste, sondern auch das Vornehmste." (Theodor Fontane) „Glücklich leben und naturgemäß leben ist eins." (Seneca) „Natürlich willst du sein? Wähnst alles dann erzielt?" (F. v. Sallet)

Natürlichkeit, mit naturgegebenen Unterschieden. Mensch bleibt Mensch, Schwein bleibt Schwein. So der Wille der Natur, oder? „Süße, heilige Natur, laß mich geh'n auf Deiner Spur." (F. L. Graf zu Stollberg)

Natur wäre und bliebe schön, wenn sich die Menschen natürlich verhielten und blieben. Sie wollen aber mehr, Größeres, Genüßlicheres nach ihren Vorstellungen. Sie wollen alles und zwar sofort.

So wollten sie nicht nur Fischer und Jäger und seßhafte Bauern sein, nicht nur Ernährungsarbeit ausüben zur natürlichen Erhaltung mit den Gaben der Natur. Sie wollten Herrschaft über die Natur und über Menschen. Dieser Wille ist der Geburtsakt der Religionen, der Völker- und Staatenbildung, der Wissenschaft und Forschung. Dieser Herrschaftswille der Menschen ist die Ursache der Gewalt als Hilfsmittel der Macht, als Triebkraft der Zeitgeistmacher zur Verherrlichung und Vergötterung der Macht. Dieser Herrschaftswille ist der Wahnsinn der Auserlesenheit, der Unterdrückung der Natürlichkeit, der Bewertung der Menschen in gut und böse. Dieser Herrschaftswille ist das Verderben des Einzelnen allein oder gemeinsam. Der Herrscherwille ist die treibende und bleibende Kraft allen menschlichen Daseins und Verhaltens.

Dieser Herrscherwille ist das Verlassen der Natur durch den Menschen, die Aufgabe der Natürlichkeit. Zurück zur Natur heißt: Aufgabe des Herrschaftswillens, heißt Rückkehr in den Zustand der Gewaltlosigkeit, des Respektes vor dem naturgegebenen Leben – ein Werden und Vergehen ohne Schädigung des Mitmenschen.

Aber zu diesem Zurück zur Natürlichkeit gibt es keinen Weg. Der Herrschaftswille des Menschen hat den Weg verbaut, vermint, vernichtet mit seinem Willen zur Macht über die Natur. Dieser Herrschaftswille hat das Denken und Verhalten der Menschen bestimmt und bestimmt es unverändert. Auch die Vermehrung der Menschen führt auf diesen Willen zurück. Mehr Kinder im kleinen Verband, Familie, Sippe, Dorf – mehr Macht der Väter, Sippen- und Dorfältesten. Einer oder einige wollen und müssen das Sagen haben. Reale Ordnungsvorstellung – unabänderbar, menschlich.

13. KAPITEL
SUCHE NACH ALTERNATIVEN

Wer Verbündete hat, ist nicht ganz unabhängig.

Harold Wilson,
britischer Politiker

So ordnen die Mächtigen Gemeinschaften, Stämme, Völker, Länder, Staaten. Sie ordnen – das klingt humaner als herrschen! Die Herrscher tun überhaupt alles um der Ordnung und seiner Höchstform – des Friedens – willen. Auch Kriege geschehen des Friedens wegen, der von Mächtigen gewollten Ordnungshöchststufe. Für diese Ordnung wird gearbeitet. Menschen werden eingeschaltet, verwaltet. Raffiniert! Sie sollen nicht merken, daß sie nur Mittel, Objekt, Material der Machtausübung der Mächtigen sind. Die Mächtigen spielen mit Menschenmaterial. Sie wägen ihre Menge, ihr Volk, ihr Land ab. Sie reden von Sicherheit und Wohlstand und beobachten, wie die Menge reagiert. Sie reden von Erziehung und meinen geistige Ausrichtung für ihre Machtzwecke. So schaffen sie geistige Vorstellungen, Theorien und Meinungen. Sie schaffen ihren Zeitgeist. Sie bedienen sich der Willigen und Gefügigen, der Streber und Bequemen. Wenn die Mächtigen keine Gefahr für sich und ihre Macht erkennen, lassen sie den einzelnen gewähren, sie überlassen ihn sich selbst. Sie versäumen aber nicht, zu beobachten, daß niemand gefährlich wird, ihre Macht in Frage zu stellen beginnt.

Die Mächtigen observieren Denker und Philosophen, Wissenschaftler und Forscher, Auffällige in Politik und Wirtschaft, Gewerkschaften und Kirchen, Akademikerverbindungen. Die Mächtigen hängen an der Macht. Macht ist ihr einziger Lebensinhalt, ist Sinn ihres Lebens überhaupt. Die Menge beschränken sie auf tägliche Ziele, stets mit Blick auf Stärkung und Erhaltung ihrer – der Herrscher – Macht. Sie fördern Berufe, die machtunterstützend sind. Lehrer, Theologen, Juristen, Polizei und Soldaten.

Menschliche Eitelkeiten und Schwächen werden kalkuliert. Rangordnung, Dienstgrade, Auszeichnung, Titel, Pfründe, Versorgung werden geboten. Die Menge arbeitet, wird entlohnt, zahlt Steuern und Abgaben. Die Menge strebt nach Ruhe und Sicherheit, die vom Staat ausgeht.

An dessen Spitze stehen Mächtige, die sich durchaus nicht als Herrscher gebaren müssen. Die wahren Herrscher bleiben anonym. Die offiziellen Herrscher treten in Erscheinung. Sie schaffen Sicherheit durch Arbeit, Arbeit in Berufen. Der Staat schuf eine Sicherheit seiner Beschäftigten. Er schuf das Beamtentum. Menschen mit einem Staatsamt sollten wirtschaftlich gesichert sein. So dienen sie dem Staate sicher treu. Bis ans Ende ihrer Arbeitskraft. Der Staat ließ sie nicht fallen. Der Treue bekam eine Staatsfürsorge – Altersversorgung.

Treue muß belohnt werden. Ein sehr vernünftiges System. Wenn nicht zu viele nach Verbeamtung strebten und der Ämter nicht zu viele entstehen. Wobei ein Funktionenbegriff half: hoheitliche Aufgaben. Was war dann alles hoheitlich; unmittelbar in Ausübung der Staatsgewalt.

Eine Beamtenschwemme entstand, an der die Volksmenge schwer zu tragen hatte und hat. Die Staatsdiener nahmen überhand. Was wurde da nicht als „hoheitlich" angesehen.

Eine juristische Figur! Denn handeln und Macht ausüben können nur Menschen. Ihr Trick ist, daß sie im Namen und in Vollmacht des Staates handeln. Diese juristische Person, diese reale Fiktion. Real durch ihre Organisation! „Durch das und mit dem Volk" – eine Organisationsidee der Menschen von Anfang an. Einer ist nichts. Wir alle sind einer, eins. Diese Ansicht, Feststellung allein bedingt aber nichts. Es muß gehandelt, gearbeitet, gestaltet werden. Das „eins" kann das nicht. Stillstand! Menschen müssen tätig werden, nichts anderes als Menschen. So werden sie tätig. Sie erklären: Wir sind ein Staat. Den Staat sehen wir nicht, den gestalten wir uns, den bilden wir letztlich alle. Durch Land und Leute, durch Grenzen. Die müssen wir schützen, damit andere nicht in unser Land strömen und meinen, wir sind mit euch eins. Nun tut mal was für uns! Simpel: Wir sind da, nun wollen wir das Gleiche wie ihr. Wir sind doch in eurem und jetzt auch in unserem Land. Wir wollen zu euch, zu euch gehören. Ist doch gut so! Je mehr Menschen, umso mehr Staatsvolk. Einfach human, menschenrechtlich. Ihr wißt doch, was das Menschenrecht ist. Ihr habt doch lesen und schreiben, herrschen und dienen, politisieren und organisieren gelernt. Ihr werdet doch wohl kapieren, was Menschenrecht ist. Wenn nicht, dann vielleicht was Menschenpflicht ist. Daß der Starke den Schwachen. der Reiche den Armen hilft. Aber nicht erst fragt, warum bist du arm, brauchst du Hilfe? Warum? Weil es Menschenpflicht ist, daß die, die fleißig und arbeitsam mit Erfolg und Glück waren, diesen Erfolg an die abgeben, denen das Glück versagt blieb. Fleißig wollten wir ja auch sein, aber wir konnten nicht Erfolg mit Arbeit erreichen. Das ging nicht. Immer nahm uns einer den Erfolg weg. Undankbare Mitmenschen. Schlecht organisiert, noch schlechter geleitet, eine verlogene Darstellung von „Macht und Hoheit Staat". Jetzt sind wir da, wo wir schon immer sein wollten. In einem geordneten, freien Staat. Bei Menschen, die Menschenpflicht und Menschenrecht gleichstellen und danach handeln, leben und leben müssen, weil der Staat das Zusammenleben organisiert. Hoheitlich! Durch gute, edle Menschen. Charaktere! Jeder eine Persönlichkeit und manche sogar geschichtsverdächtig. – Seid nicht so bescheiden. Habt euch nicht so mit uns menschenrechtlichen Asylanten. Asyl? Ihr wißt doch, was das heißt? Freistätte, Zufluchtsort für Verfolgte. Obdach für politische Flüchtlinge. Es heißt auch Heim, unberaubt, unverletzt. Schon bei den alten Griechen – ist zwar schon lange her – war ein „asylan" ein unberaubtes, unverletztes Obdach – vielleicht – oben ein Dach. Ein Dach über dem Kopf, der ja oben ist, bei 2-beinigen Wesen, wie der Mensch, sonst ist der Kopf vorn. Es läßt sich doch alles erklären. Das wißt ihr. Nun, kurz – Asyl, wir brauchen Asyl. Das Dach über dem Kopf und was zu essen und zu trinken und zum anziehen. Es wird kalt und kälter; ihr wißt's doch! Ihr seid doch auch Menschen – nur Menschen wie wir. Wo vier Menschen leben, kann doch wohl ein fünfter sein. Wieviele Male seid ihr vier Menschen? Unter Vieren ist sicher einer mit Verstand. Ist doch klar. Die Viere meinen sowieso, sie haben alle Verstand. Sinnlose Debatte! Sie haben natürlich alle Viere Verstand, und ich Fünfter brauche Asyl mit Verstand von den Vieren.

Klappt doch gut – oder habt ihr etwa Querulanten, die den Begriff Asyl bewußt verkennen. So Rückständige, Bösartige, Ewiggestrige, so komische Politikusse? Na, mit denen werden wir doch fertig. Wir überlegen einen Weg. Wir denken nach. Recht ist, was uns nützt. Natürlich allen. Den Asyl-Nehmenden und den Asyl-Gebenden. Was nützt, haben wir schnell im Griff, begriffen. Nur Mut – wir haben ihn mit allen menschlichen Erfahrungen. Wenn man von seiner lieben Heimat fort muß, wird man erfinderisch. Wenn man endlich Asyl hat, dann noch mehr. Am meisten, wenn man das gewünschte Asyl hat, zu dem man wollte, ohne aus der Heimat fortzumüssen. Aber da gibt es die Querulanten unter den Asyl-Gebern. Ein widerliches, unmenschliches Pack. – Mit dem werden wir fertig, wir sind mit ganz anderen Dingen fertig geworden, bevor wir Gewalt angewandt haben oder anwenden werden. Wir organisieren uns – und ihr werdet sehen: Organisation macht stark! Stärke bringt wieder Macht, und so werden auch wir ein Staat – wenn es sein muß im Staate. Zur doppelten Staatsbürgerschaft wird es doch wenigstens reichen. Demokratie ist Volksherrschaft, und wir sind ja auch Volk, das Herrschaft will und braucht – wie alle Völker. Seid doch nicht so kurzsichtig. Denkt doch nach, wie man die Regeln der Demokratie beherrscht. Der Staat hat doch genug Demokraten – der hat doch von allem genug. Nur den Menschen reicht 's eben nicht. Da sieht man, daß Staat und Staatsbürger zwei Faktoren sind. Der eine – gedacht, verherrlicht, der andere – real und beherrschend. Richtig erkannt, kommen Menschen, von wo auch immer, dort zur Macht, wo sie bleiben wollen. Das ist Politik, der oder zu der Demokratie. Was Demokratie ist, braucht man nicht zu wissen. Das spürt man am Verhalten der Bürger.

Menschen wollen bleiben. Sonst hätten sie sich nicht zur Seßhaftigkeit entwickelt. Es werden aber ständig mehr. Sie fordern mehr Raum. Sie glauben, sonst kein menschenwürdiges Leben führen zu können. Ihr Glaube hat Ursache und System. Die Ursache: Das Hören vom Besserleben anderer, und die Ansicht: Alle Menschen sind gleich, die Welt gehört allen. Es gibt für alle genug Platz.

Das System: In Bewegung setzen in Mengen, in Richtung des geringsten Widerstandes. Die Richtung wird ermittelt. Örtlich und politisch. Unbewachte Landesgrenzen, aufnahmebereite Menschen. Politisch verkündete Ansichten: Einwanderungsland, keine Abschiebung. Eingliederung, doppelte Staatsangehörigkeit, Sozialhilfe. – Und so machen sie – die Raumsuchenden, die sich benachteiligt Fühlenden, sich in Schwärmen auf den Weg. Zu Lande, zu Wasser und in der Luft. Eine einzelne Bie-

ne ist nichts, ein Schwarm ist alles. Er ist gewaltig, groß,
und viele Bienen stechen – selbst wenn sie dabei zugrunde gehen. Die meisten bleiben am Leben. Sie hüten sich
vor dem Stechen und passen sich an – als Schwarm. Der
Schwarm setzt sich fest und sitzt und beginnt sein Eigen-
dasein dort, wo er jetzt seßhaft wurde. Die vorhandenen
Bienen rücken zusammen. Die Gastbienen, die neuen,
breiten sich aus. Die Spannung wächst. Die Schwärme
ordnen sich um ihre Königin, ihre Führer – die Asyl-
Geber um ihr Staatsoberhaupt. Sie verlangen Begren-
zung, Verminderung, Aufhören der Zuwanderschwärme.

Das Oberhaupt, ein Weltmann, ein Kenner der Politik, wiegt staatsmännisch sein Haupt: „Hört, Bürger, die
Zugewanderten handeln nicht freiwillig. Sie handeln unter Zwang. Ihr Leben ist in ihrer Heimat in Gefahr. Ver-
folgung, der die Menschen ausweichen aus Selbsterhaltungstrieb." Ein Zuhörer: „Wurde die Situation der Neu-
ankömmlinge geprüft?"

Das Oberhaupt: „Wir kennen die Herkunftsländer
unserer neuen Mitbürger. Im übrigen werden wir prüfen. Wir werden mit den Mächtigen der Herkunftsländer
reden. Der zuständige Minister ist bereits auf Dienstreise
zu den Spitzen der Herkunftsländer, bei denen wir Bedenken hegen, ob die Verfolgungstatbestände so bestehen, wie sie uns von den Zuwanderern geschildert werden. Wir prüfen jeden Einzelfall. Sehr genau. Wer falsche Angaben gemacht hat, wird zurückgeschickt."

„Bravo!", rufen Zuhörer. Das Oberhaupt strahlt ob
seines Rednererfolges. „Die Zeiten haben sich geändert
und werden sich ändern. Aber wir Politiker bekommen
sie in den Griff." „Bravo!", hallt es.

Es wird geklatscht, es darf geklatscht werden, und die
Ansprache ist zu Ende. Das Oberhaupt fährt ab. Ihm folgen Wagen für seinen persönlichen Schutz und Wagen
mit seinen Trabanten. Die Schützer: Staatsbedienstete.
Die Trabanten: Politiker, kleine, verhinderte Staatsmän-

ner. Die Zuhörer genießen das Schauspiel, und jeder kehrt heim in seine vier Wände. Zwei Arbeitskollegen aber besuchen ihre Stammkneipe. Sie diskutieren.

„Emil, sag mal, hat doch unser Oberhaupt gesagt, die Zeiten ändern sich und werden sich ändern. Was meint der eigentlich mit – den Zeiten. Es gibt doch nur eine Zeit. Deine und meine, unsere Zeit."

„Max, du mußt nicht an Uhrzeit denken, Sonnenaufgang und -untergang, an unsere Schichtarbeitszeit. Der Erste in unserem Staat meint das Gemeinschaftswesen, das Leben, unser Dasein. Das meint er. Er meint uns Bürger, Menschen in ihrem Zusammenwirken. Verstehst Du?"

„Nee, Emil, warum sagt der Erste dann nicht einfach: Wir Menschen haben uns geändert und werden uns ändern?"

„Max, Du siehst das falsch. Unser Erster weiß doch auch, daß Du und ich, wir alle uns nicht ändern werden. Er meint das Drumherum."

„Also, Emil, die Umwelt. Die ändert sich aber auch nicht, wenn wir sie nicht ändern. Die Natur, die Pflanzen, Tiere leben doch nach ihren Gesetzen, vielleicht Naturgesetzen, in der Zeit, in ihrer Zeit – von der Geburt bis zum Tode. Eine Eiche wird vielleicht ein paar hundert Jahre alt, ein Hund 15 Jahre, ein Mensch 80 Jahre. Daran ändert sich doch nichts. Ist das mit dem ‚die Zeiten ändern sich' nicht ein Quatsch? Die Zeit – ja die Uhrzeit – läuft doch ständig gleichmäßig unverändert weiter. Mach's halb mit Deinem Drumherum."

„Hm, Max, vielleicht hast Du recht. Wir ändern nix! Wir sind zu klein. Was verstehen wir von Politik, Umwelt? Den Geist der Zeit?"

„Emil, davon hat der Erste nicht gesprochen."

„Max, er hat das aber gemeint."

„Emil, ich will nicht wissen, was er gemeint hat, ich habe gehört, was er gesagt hat: Die Zeiten ändern sich."

„Max, nun fang doch nicht wieder von vorne an. Entweder Du erkennst, was er gemeint hat, unser Erster, oder Du klebst an dem, was Du gehört hast. Du denkst halt nicht. Du hörst nur."

„Emil, hör zu. Ich denke, weil ich sehe, daß die Flüchtlinge einströmen und einströmen, und der Erste tut so, als hätten er und seine Mannen alles im Griff. Frag mal unsere Kollegen, was die denken. Wollten die Gefolgsleute unseres Ersten, seine Beamten, doch neulich Asylanten abschieben. Rennen die doch in eine Kirche, und der Pfarrer gewährt ihnen Obdach, Asyl. Offenbar hat die Kirche ihre eigenen Gesetze und Ansichten, und unser Erster und seine Beamten sind machtlos. Vielleicht findet jetzt wieder ein Prozeß bis zum höchsten Gericht statt. Ein paar Jahre Dauer, und dann sagen die Juristen, was Recht ist. Emil, müssen wir uns das wirklich alles bieten lassen, wir Schichtarbeiter, wir zwei Bürger?"

„Recht haste, Max, wir müssen uns aber noch viel mehr bieten lassen. Angebote, gegen die wir nichts machen können. Prost, ich muß heim, sonst wettert mein Weib."

„Ich auch, Prost, meines wettert sonst auch! Es war wieder schön, wenn wir so zusammen schwätzen. Ändern tun wir nichts. Aber es beruhigt uns. Man sage nichts gegen ein Gespräch in der Kneipe. Gruß an Deine Hilde."

„Grüß Deine Frieda!"

Die Zuwanderer strömten und strömten, und die Zeitungen meldeten täglich weniger Zuwanderer. Nur das Volk merkte nichts davon. Das Volk, die wahlberechtigten Demokraten, befaßten sich, wurden befaßt, mit neuen Wahlen. Jeder einzelne sollte, wollte, konnte mit seiner Stimme billigen oder verwerfen, was bisher war. Ändern konnte er nichts. Die Schwärme schwärmten, die Menschlichkeit wirkte und die Menschheit, die existierte wirklich als großer Begriff. Der einzelne ist nichts dagegen, mit Stimmabgabe oder ohne. Die Mächtigen machen in Macht, die den einzelnen nicht berücksichtigt. Die Mächtigen beobachten und leiten die Schwärme nach ihrem Willen, ihr der Mächtigen – Leben lang.

Sie koordinieren die Denkweise der einzelnen. Demoskopisch erforschen, hochrechnen und überlegen sie ihre Beeinflussung der Meinung des Volkes. Sie wägen nach überwiegender und mehrheitlicher Ansicht ab, verlautbaren ihre Ansicht mit der Behauptung: Es handele sich um den Geist der Zeit. Der Zeitgeist wird veröffentlichte Meinung. Ob diese sich mit der überwiegenden Meinung des Volkes wirklich deckt oder nicht, ist unerheblich. Hauptsache, der Zeitgeist ist formuliert und wirkt. Er wird mit allen Mitteln der Nachrichtenübermittlung gepriesen und verbreitet.

Das Volk schweigt, d. h. die Bürger schweigen. Es wird von schweigender Mehrheit geredet. Nicht ganz unrichtig! Wer eine gegenteilige Ansicht als die „amtliche" denkt, aber sie nicht hörbar oder sichtbar macht, schweigt!

Daß Schweigen der Menge von den Machthabern geschwind als Zustimmung gedeutet wird, wird verkannt. Demonstrationen, genehmigte und ungenehmigte, bleiben ohne Dauerwirkung.

Die Dauer des offiziellen Zeitgeistes ist Sache der Machthaber. Sie setzen ihre Machtmittel ein, nehmen Einfluß auf die Medien, Presse, Rundfunk, Fernsehen – damit diese das Volk mit dem offiziellen Zeitgeist berieseln. „Was man dem Volk dreimal sagt, hält das Volk für wahr," so Heinrich von Kleist, 1771 geboren, 1811 durch Freitod aus dem Leben geschieden. Leidenschaftlicher Gegner Napoleons. Ein Denker gegen die politischen Zeitansichten und Strömungen. Aber machtlos wie ein einzelner ist und bleibt, wenn die Umstände es wollen. Bei Kleist wollten sie. Er kapitulierte und erschoß sich.

Umstände sind den Zeitgeistmachern geneigt. Das ist ihre Chance. Sie nutzen sie mit allen ihren Kräften, Mitteln, Beziehungen und Positionen. Skrupellos, erfolgsbesessen und erfolgreich. Sie operieren mit Begriffen, die moralisch aufputschen. Sitte, Anstand, Geschichte, Schuld, Haftung, Gerechtigkeit, Menschenwürde, Humanität. Ein System der moralischen, geistigen Erpressung. Denn ein jeder ist schuldig. Geborene und künftig Geborenwerdende. Eine gewaltige Beeinflussung der Trabanten, der Hörigen, der Bürger, der Menschen, der Menschheit. Die Zeitgeistmacher selbst – anonym für die Menge, das Volk, die Völker – kennen sich untereinander, stehen in Verbindung, besprechen ihre Pläne, ihr Ziel: Beherrschung der Menschen durch Zeitgeistschaffung. Sie nutzen den Menschen, das Lebewesen aus Körper, Geist und Seele. Sie nutzen seine Kraft, seine Instinkte, seine Beeinflußbarkeit. Sie nutzen den Menschen durch Abhängigmachen von Leib und Seele. Sie nutzen Lebenswillen, Selbsterhaltungstrieb, sowie die Stärken und Schwächen des einzelnen Menschen. Sie bedienen sich ihrer Macht durch Ämtervergabe, Ehrungen, Pfründe. Sie schaffen sich einen Stab Höriger auf legalem Weg über Staatsformen, Wissenschaft, Kunst und Kultur, über alle Bereiche, die dem einzelnen das Leben lebenswert erscheinen lassen. Der einzelne ist ja gläubig für und an irgend etwas entsprechend seiner individuellen Veranlagung, Fähigkeit und Charakter. Ob religiös gebunden oder kirchlich nicht organisiert, ob parteilos oder aktives Parteimitglied, der einzelne glaubt an etwas. Nach dem Willen der Zeitgeistmacher soll er auch an den Zeitgeist glauben, sich ihm unterwerfen. Die Zeitgeistpolitik der Macher war, ist und bleibt ein politisches, menschliches Spiel um Macht. Politik ist Kampf um die Macht. „Politike" (griechisch) heißt „rechne", ob im kleinen oder großen Rahmen. Rechne! Als Politik wurden alle Maßnahmen zur

Erhaltung eines Gemeinwesens, nach innen und nach außen, bezeichnet. Politiker sind Aktivisten des „politike", des „rechne". Die meisten Politiker halten Gegner für Politikaster. Die Menge, das Volk, sind Politikaster. Diese reden von Politik, ohne etwas davon zu verstehen. Aber diese stimmen und stimmten ab, in ihrer Zeit, auf ihre Weise.

14. KAPITEL
WELTZEITGEIST – REALITÄT ODER PHANTASIE?

Man lügt wohl mit dem Munde,
aber mit dem Maule,
das man dabei macht,
sagt man doch die Wahrheit.
Friedrich Nietzsche,
Philosoph

So war es, so ist es, so kann es nur wieder sein – es sei denn, es gäbe für den Menschen selbst eine Alternative. Die ist nicht in Sicht, nicht einmal denkbar. Gott schuf die Zeit, der Mensch seinen Zeitgeist. Die Zeitgeistmacher – vermeintliche Auserwählte oder sich selbst Auswählende streben nach der ewigen Dauer ihres Zeitgeistes. Sie müssen sich wirklich für Gottgleiche halten. Jedenfalls für Weltbeherrscher oder solche, die nach Gottes Willen die Welt beherrschen sollen. Anonym, verborgen, daher umso wirksamer, heimlich, gottgleich! Die Welt beherrschen heißt alle Menschen sich untertan machen. Das geht nicht mit der Schaufel in der Hand, mit Schichtarbeit, mit Bürostunden, mit dem Kampf um das tägliche Brot, mit dem Ernähren der Familie, der Sorge für die Kinder – Los der abermillionen fleißiger, pflichtbewußter, bedeutungsloser, unbekannter. anständiger Menschen. Die Welt wird beherrscht von reichen Müßiggängern, Lebemännern. Vielleicht sind auch Frauen unter diesen anonymen Selbsterwählten. Wer kann es wissen? Nur die Auserwählten selbst. Sie bleiben selbst anonym und be-

141

dienen sich der scheinbar Mächtigen als Erfüllungsgehilfen. Das sind: Staatsmänner, Politiker, Bankiers, Wirtschafts-, Religions- und Gewerkschaftsführer. Diese erkennbaren Machtträger leiten ihrerseits Länder und Staaten und lassen arbeiten Minister und Behörden, Polizisten und Soldaten, Banken und Börsen, Unternehmen und Universitäten, Manager und Firmen, Dome, Paläste, Kirchen, Regierungsgebäude und Betreuer, Arbeitnehmer aller Art.

Ein imposantes Bild von Leben und Treiben der Menschen auf dieser Erde. Jeder ist nur ein Mensch mit seinem Schicksal. Sie geben ihrem Leben ihren Sinn und Zweck. Jeder für sich. Sie sterben und neue Menschen werden geboren in ihrer Zeit. Der Lauf der menschlichen Welt ist kurz – der Weltenlauf lang. Die Zeitgeistmacher erstreben ihren Zeitgeist für die Länge des Weltenlaufes, nicht nur für die Dauer ihres irdischen Daseins.

Das ist ihre Vorstellung, ihr Wahn. Sie versteifen sich auf die Gültigkeit ihres Zeitgeistes für ewig. Nur besessen vom Willen zur Macht mit Hilfe ihrer Zeitgeistgestaltung. Die Auserwählten bedenken freilich ihre Lebenszeit, die Entwicklungen, die Ereignisse in dieser Zeit. Die jeweils lebenden Auserwählten passen ihre Zeitgeistidee an. Aber sie behalten ihre unumstößlichen Dogmen: Wir sind auserwählt. Wir beherrschen den Geist der Welt. Wir sprechen schuldig oder frei. Unser Urteil – als solches weder erkennbar oder verkündet – ist der von uns bestimmte Zeitgeist. Immerdar! Die Anonymen sind überzeugt, seit es menschliche Gemeinschaften gibt, den jeweiligen Zeitgeist geschaffen zu haben. Ihre Sendung ist Gottesauftrag, ihr Tun und Denken göttlich.

Die Einzelschicksale der Menschen sind ihnen gleichgültig. Sie denken an Weltgeist, Weltmacht und Weltgeld als wichtigstes Machtmittel der Erde. „Und es herrscht der Erde Gott, das Geld." (Schiller)

Die Zeitgeistmacher, Weltherrscher behalten den Überblick. Sie beobachten die Scheinmächtigen, vom Staatsmann bis zum Gewerkschaftsführer. Schert einer aus ihrem Einfluß aus – unbewußt, weil er an seine selbständige Machtfülle und persönliches Sendungsbewußtsein glaubt – werden die Anonymen aktiv. Sie spinnen ihre Fäden bis zur Vernichtung des Feindes. Dieser kämpft und kämpft wie ein Fanatiker im Glauben an sich, seine Ideen und an seinen Sieg – doch er unterliegt wie alle vor ihm. Die Auserwählten, von den Völkern nicht erkannt, allenfalls erahnt, dumpf vermutet, bleiben Sieger. Sie kosten den Sieg aus und festigen ihn durch neues Darstellen ihres Zeitgeistes – heimlich, konsequent, unabänderlich.

Die Heimlichkeit wirkt. Die Einzelnen, die Gemeinschaften, die Völker vermögen nicht an Auserwählte, an Weltmächtige und anonyme Herrscher zu glauben. Das ist das Verhängnis der Menschen. Sie glauben an Ideale: Familie, Sippe, Gemeinde, Volk, Staat. Sie glauben an Sitte, Moral, Gott – ihren Gott. Sie glauben an ihre Vorgesetzten, Oberhäupter, Staatsmänner und Führer. Sie glauben und erfüllen in ihrem Glauben ihre tägliche Pflicht, wie sie meinen. Sie können sich gar nicht anders verhalten. Sie gehorchen, im Glauben an Gerechtigkeit, Notwendigkeit, Unvermeidbarkeit. Sie sind schicksalsergeben und merken nie, daß sie für einige – die Auserwählten Spielzeug sind.

Die millionenfache Ähnlichkeit von Menschendasein wird als Schicksal hingenommen. Millionen Menschen glauben nicht an Schicksalsmacht durch Menschen. Aber wer entfacht Kriege? Doch nicht die Natur, sondern Menschen. Nicht der Emil Schulze von der Straße, sondern Mächtige in Palästen, auf geheimen Sitzungen, beim Planspiel um die Erhaltung der Macht. Menschen sind der Mächtigen notwendiges Spielzeug, Schachfiguren, Menschenmaterial für die Auserwählten auf der Weltbühne.

Völkerwanderung, Kreuzzüge, Inquisition, Hexenprozesse, Kriege, Religionskämpfe sind Menschenwerk. Aber nichts geschieht oder geschah, ohne daß ein zentraler Ausgangspunkt vorhanden war. Dieser Punkt ist Wille und Macht der anonymen Auserwählten. Sie lassen Menschen, Völker gegeneinander oder miteinander marschieren, sie dirigieren und behalten stets die Oberhand. Trotz dieser Oberhand glauben intelligente Menschen, Völker an eigene Macht und Selbständigkeit. Sie glauben, Lösungen schaffen zu können durch Arbeit, Fleiß, Ordnungsstreben. Den Erfolg dieses Glaubens, seiner Umsetzung in Taten, das Ergebnis der historischen Abläufe kassieren die Auserwählten. Sie rechnen, „politike", und fahren in ihrer Beherrschung der Welt anonym fort. Auserwählt, gottgefällig.

Der denkende Mensch wußte und weiß, daß Auserwählte nichts als Menschen, auch nur Menschen sind. Die vermutlichen Denker in den Völkern: Philosophen, Wissenschaftler, Forscher, Religionäre, Politiker, alles kritische Beobachter, glauben nicht an Sinnlosigkeit, Unberechenbarkeit, Ursprungslosigkeit und Unerklärbarkeit des einzelnen menschlichen Verhaltens wie auch der Volksbewegungen. Die Denkenden glauben nicht an Zufall von Völkerwanderung, Völkermord, Bruder- und Religionskrieg, an Inflation und Massenelend. Sie glauben an Menschenwerk, an Urheber und dachten über Widerstand gegen diese Urheber nach. Sie praktizierten Ursachenforschung. Sie spähten den Quellen des Zeitgeistes – des jeweiligen – nach. Sie schrieben, redeten, handelten und lösten Bewegungen aus – nicht vorhersehbar. So die Reformation und die französische Revolution. Der herrschende Zeitgeist kämpfte dagegen. – Die Machthaber gaben nicht auf. Intrige bis Mord, Verrat und Lügen werden Kampfmittel, Willkür scheinbar Unbesonnener. Ein Ausschnitt auf der Weltkugel verändert anscheinend sein politisches Gesicht. Aber die Auserwählten stört das nicht. Sie schalten und walten entsprechend. Sie sind in aller Herren Länder vorhanden und vertreten. Es folgten dort eben Schlachten und Kriege, wenn für nötig gehalten.

Geändert hat sich dadurch der Mensch nicht. Eine Generation löste die andere ab. Die Menschen kamen und gingen, auch bei den anonymen Herrschern. Die notwendigen Stellen werden wieder besetzt in geheimen, nur den Auserwählten bekannten Verfahren. Die Kontuinität der Herrschaft muß gewährleistet sein. Das ist Auserwähltengesetz.

Die sichtbaren, bekannten Vorgänge werden registriert. Sie werden Geschichte. Die Historiker haben mehr Arbeit, schreiben Bücher, ihre Geschichtsbücher und haben weder Macht noch Einfluß. Wer hat Zeit, über Geschichte zu lesen? Studenten für Geschichte, Geschichtsabschnitte!

Die uhrmäßige Zeit reicht für den einzelnen zur Prüfung wirklicher Geschichte gar nicht aus. Was soll auch Vergangenes. Die Gegenwart erfaßt jeden genug. Seine persönliche Gegenwart mit seinen kleinen und kleinsten Anliegen, Notwendigkeiten und Habseligkeiten. Geschichte wird zur geistigen Idee, die einer begreift oder nicht. Die Gegenwärtigen reden von Geschichte, wenn sie politische Ziele verfolgen, die sie geschichtlich zu begründen versuchen. So bekommt die Geschichte wenigstens für den Bürger einen Sinn, wenn er Zeit hat, darüber nachzudenken. Tageszeitungen behandeln ja auch Geschichte.

Doch die Ablenkung ist groß, die persönliche Zeit ist ausgefüllt. Die Müßiggänger sind ausgestorben. Selbst die Bettler und Obdachlosen haben keinen Müßiggang. Sie betteln um Almosen und nennen das ihre Arbeit, sie suchen Unterkunft und reden von einem harten Job. Selbst die Arbeitslosen sind gestreßt – von wegen Müßiggang: Stellenbewerbung, Gang zum Arbeitsamt, Sozialamt und dabei die Unzufriedenheit, der Neid auf die Besitzenden, die Privilegierten, die Arbeitsplatzinhaber. Es ist Unruhe und Geschäftigkeit, schlimmer als der Job im Betrieb, Büro, Behördenstuben. Es ist Bewegung in der Menge – gleich was sie tut. Es lebe das Leben. Und Ablenkung braucht der Mensch ja auch. Er gönnt sich ja sonst nichts! Die Straßen sind verstopft, die Staus stauen sich. Die Urlauber verbreiten sich in den Ländern der Welt, in den Entwicklungsländern auch. Die staatstragenden Parlamentarier sind überlastet. Die Probleme sind zu groß. Die Politiker können nicht mehr ruhig schlafen. Sie schwänzen notwendige Sitzungen und Abstimmungen als Wehr gegen Überlastung, die das unpolitisch lebende Volk einfach nicht erkennen will.

Wohnungsnot, Arbeitslose, Altenpflege, Kindergärten, Straßenbau, Abgase, Dioxine, Naturschutz, Polizei, Bundeswehr, Kriminalität, Drogenmißbrauch, Waffenhandel, Atommüll, Plutoniumschiebung. – International – alles verrucht, korrupt, und die Politiker sollen die Welt in Ordnung bringen. Entwicklungshilfe, Balkanluftbrükke, Stammeskrieg in Afrika – dann die täglichen, kleinen Zwischenfälle: Verbotene Demonstrationen, radikale Ausschreitungen, Extremisten links und rechts, Unfälle, Einbrüche, Brandstiftung, Totschlag usw.

Dann die Tragik: Die Außenminister haben kein Geld mehr zu verteilen. Was waren sie angesehen und wie erfolgreich waren sie, als sie Geld in die Entwicklungsländer oder wer weiß wohin brachten und taten, als sei es ihr Geld. Sie waren Geldboten unseres, des Volkes Gelder. Ihre Botenfunktion und das Fremdgeld wurden verherrlicht. Ein Minister ist doch kein Geldbote und hat doch kein Fremdgeld – Staatsgeld hat er, und er ist doch Staatsminister, also hat er das Geld seines Staates. Was bildest du dir nur ein, du simpler Bürger – ach ja, natürlich Staatsbürger. Vielleicht ist es doch dein Geld! Laßt Minister prüfen, ob unser Geld so verwendet wurde, wie mit den Geldempfängern vereinbart. Die Minister werden darauf bestehen, keine Angst. Weiteres Geld haben sie ja nicht mehr zu Verfügung, aber guter Rat ist doch gefragt. Der Minister ist auch Entwicklungsländerhilfeberater.

Derweil meint das Volk: „Minister, mischt Euch nicht überall ein. Kümmert Euch um uns."

„Das geht nicht", erklärt der Minister. „Wir haben die Europäische Union."

„Nun, Europa ist nicht Afrika", formuliert der simple Bürger.

„Aber wir sind in der Welt, ein Teil von ihr. Da geht nichts mehr, ohne sich überall zu informieren, ohne sich dadurch einzumischen. Heute ist die Welt kleiner geworden."

„Trugschluß, sie ist so groß wie eh und je. Nur erfahrt Ihr Neuigkeiten schneller. Die kommen über Funk und Fernsehen. Bleib zu Hause, du erfährst alles schneller als wenn die rumreist, Minister."

„Ja, scheinbar richtig, aber die Wahrheit erfährt man nur vor Ort."

„Lassen Sie uns mit der Wahrheit in Ruhe. Wir erfahren nur, was wir erfahren sollen. Funk und Fernsehen werden ja auch gefiltert, redigiert durch Redakteure, und von der Geheimdiplomatie erfahren die auch nichts. Was geheim ist, ist das, was die Welt am meisten bewegt. Davon hören wir nichts, oder wenn's aus irgendeinem Grund bekannt wird, dann ist die Sache längst gelaufen."

„Ich habe Ihre Bedenken gehört und werde darüber nachdenken. Sonst noch eine Frage?"

„Was halten Sie von der Religion?"

„Diese Gretchenfrage bedarf keiner Antwort."

„Ich denke modern, ich bin Asylant mit Wohnsitz Kirche."

„Dann wissen Sie ja mehr von Religion als ich."

„Vielleicht weiß ich sonst auch mehr?"

„Ja, warum fragen Sie denn überhaupt?"

„Um zu wissen, was Sie wissen."

Der Minister fährt wort- und grußlos ab. Das war's eben. So schlicht menschlich. Der Minister ärgert sich über solche lästigen Frager. Der Bürger weiß doch nicht, daß ich auch nicht machen kann, was ich will. Ich muß mich ja auch verantworten, vor Höheren, dem Kanzler und meinem Gewissen. – Ich bin doch nur ein Rad im Getriebe, Weltgetriebe, das von Kräften gelenkt wird, die ich ja auch nicht kenne. Ich bin doch bloß ein kleiner Minister. Diener auf deutsch – meines Volkes. Diener, in Wahrheit Unbekannter, Knecht Auserwählter, anonymer Herrscher. Soviel spüre ich, weiß es aber nicht gewiß.

Es wäre so schön, ein unbeschwert lebender, kleiner, freier Mann zu sein. Keine Sorgen um andere, Staat, Bürger und um Wiederwahl. Wie schön doch ein Fußballerleben, ein Tennisspielerdasein, Schauspielertreiben, Fernsehmoderatorenjob – so mit Vergütung nach Einschaltquote. Je Seher die kleinste Währungseinheit – 1 Pfennig. Bei einer Million Glotzer sind das: – DM 10.000,000. Lockt der Moderator mehr an die Mattscheibe, entsprechend mehr Geld. Jeder Woche einmal DM 10.000,00. Dabei sind der Tag und die Nacht für jeden Menschen nur 24 Stunden lang. Na, DM 40.000,00 im Monat sind doch DM 480.000,00 im Jahr. Dann die Chancen für Werbungsverträge – wahrhaftig. Fernseh- und fotogen müßte man sein. Wer will mit Ministern schon Werbung machen.

Ministerfreunde in der Partei arbeiten an meiner Absetzung. Politik ist eine verflixte Sache, nach oben und nach unten, vor allem nach außen. Politische Fans kommen nur mit Ratschlägen und ohne Geld, meist streng nach vorgefaßtem Plan und Protokoll. Freunde kannst du oft gar nicht mehr gewinnen. Stehst du nach Ansicht der Gesprächspartner auf der Abschußliste, hörst du nur diplomatische Freundlichkeiten und sonst gar nichts.

148

Fragst du nach der Menschenwürde oder dem Menschenrecht oder gar nach Folterungen oder wer eigentlich den Bruderkampf angezettelt hat, hast du bald Gelegenheit zur Rückreise. Was weiß das eigene Volk, wie schwierig es ist, sich in das Innere eines Staatsgebildes einzumischen – ohne Geld. Ohne Bakschisch erfährst du nichts, erhälst du nichts. Ist doch wohl schon in unserer Heimat – man darf wieder Vaterland sagen – so. Der Sumpf der Bestechung wird breiter und tiefer. Zeitgeist? Menschengeist? Geldgeist?

Geist? Gier! Der Terror breitet sich aus. Sag mal was als amtliche Person gegen Terroristen. Du kommst auf ihre Abschußliste. Nein, nein, nur kein Heldentum und falschen Mut. Du mußt menschliches Verständnis zeigen, wenn du überleben und eines Tages in Genuß deiner Pensionen kommen willst. Ein Politiker muß seine Zukunft absichern. Lange im Amt, lange zusätzliche Versorgungsposten haben, sonst stehst du da und hast nichts. Nur für andere, viele Unbekannte dich aufgeopfert und dann nichts an Gut und Geld. Mit Orden und Titeln verdienst du nichts. Ehre und Ansehen bringen kein Geld. Nur Beziehungen, Verbindungen, Posten, Beraterverträge sind lukrativ.

Das ist ein nicht veröffentlichter Grund, weswegen wir so rücksichtsvoll sein müssen mit Terroristen, verrohten Extremisten, massenhaft Scheinasylanten – wir müssen das einfach aus eigener Sicherheit. Mut darf nicht blind sein. Sehender Mut hilft nichts. Ein tatenloser Mut ist besser als ein Schuß aus dem Hinterhalt.

Als Außenminister habe ich einmal überlegt im Hinblick auf Völkerrechtsgrundsätze: Wie wäre es mit dem Grundsatz der Gegenseitigkeit. Ich habe meinen Gesprächspartner inoffiziell gefragt: „Wie wäre es, wenn unsere Leute in Ihrem Land terrorisierten, demonstrierten, Wahlrecht forderten und eigenes Recht im fremden Staat, eigene Kirchen bauten und Schulen?"

Sieht mich mein Gesprächspartner lange an und erwidert: „Herr Minister – wir sind kein Deutschland, wir jagen unsere Terroristen fort. Wir sagen ihnen aber nicht, daß sie nach Deutschland gehen sollen, Deutschland läßt euch am leichtesten rein. Ja, es ist die traurige Lage Deutschlands, nämlich in Europas Mitte. Nur kein Land in der Mitte sein."

„Jedes Land ist doch selbständig, gleichgültig, wo es liegt."

„Ja, aber es hat nicht so viele Nachbarn. Der beste Nachbar ist das offene Meer. Das Meer könnte viele Terroristen aufnehmen und fragt nicht nach dem Völkerrechtsprinzip der Gegenseitigkeit. Die Fragen stellen nur Menschen, Politiker – die Natur, die Erde, die Luft, das Wasser stellen sie nicht. Alle Fragen stellen nur Menschen. Aber Menschen müssen nicht antworten, jedenfalls nicht in meiner Lage – auch ich denke bei meiner persönlichen Sicherheit – wie hoffentlich alle Politiker – über das Prinzip der Gegenseitigkeit nach. Sehen Sie, Herr Minister, ich kenne die wahre Gegenseitigkeit. Sie wird von den Mächtigsten, den Auserwählten täglich praktiziert. Wir kleinen Würdenträger erkennen ihr Treiben nicht. Ich bin viele Jahre im Amt. Ich glaube: Die Weltpolitik läuft nach dem Prinzip der Gegenseitigkeit. Brauchst du einen Krieg, dann zettle ihn an, ich helfe dir. Umgekehrt natürlich du mir. So läuft das auf der so wohlbekannten Erde und ihren menschlichen Gruppierungen.

Nichts geschieht von allein. Jemand steht darüber, lenkt und leitet, aber er zeigt sich nicht. Die, die sich zeigen, sind Marionetten, glaubend, unabhängig zu sein. Sie sind es nicht. Sie tanzen – nach dem Willen und Wollen anonymer Größen. Ich habe oft versucht, einmal eine Größe zu entdecken. Aussichtslos. Glaubte ich, eine zu erkennen, traten Ereignisse ein, die mir klar machten, daß ich mich in dieser Größe täuschte. Vielleicht drücke ich mich nebulös aus – aber ich weiß – es gab eine Größe, ich wußte nur nicht, welche. Es war als tauschten die Größen die Rollen, wenn sie fühlten, sie seien einem Erkanntwerden nahe. Ich habe viel darüber sinniert und nie geredet. Heute ja – eigentlich wegen Ihrer Frage nach der Gegenseitigkeit. Das ist ein völkerrechtliches Postulat, wie Menschenwürde, Religionsfreiheit, Lehrfreiheit. Alles Postulate – rechtliche Schlagworte – Scheinbegriffe. Die heimlichen Mächtigen arbeiten damit als Handwerkszeug, als Baumaterial, um letztlich ihre Macht zu erhalten.

Sie erheben solche rechtlichen Schlagworte sogar zum politischen Zeitgeist, damit die Menschen in ihre Sackgasse – Machtbereiche der Mächtigen – geraten. Zeitgeist entsteht nicht von allein, er wird konstruiert. Habe ich Ihre Frage einigermaßen beantwortet?"

„Ich danke Ihnen sehr für Ihre Antwort, aber ich muß darüber nachdenken. Vielleicht muß ich sie am eigenen Leibe erst erfahren, um sie zu begreifen."

„Hoffentlich ist das dann nicht zu spät, weil – Wahlen stehen in Ihrem Land vor der Tür. Ich hoffe, unser Gespräch wurde nicht abgehört. Ich glaube aber nicht. Ich habe vorsorglich alle Vorkehrungen bedacht, um unbelauscht zu sprechen – in meinem Amt bin ich nicht absolut sicher. Ich merke es an den Reaktionen derer, die ich für mich zu den Größen rechne. Über Verdachte werde ich Sie beim nächsten Sehen informieren – auf Gegenseitigkeit."

Dieser Gesprächspartner, er war schon ziemlich alt, sah den Minister nie mehr. Im Lande des Gesprächspartners revoltierten Offiziere gegen das korrupte Regime. – Es wird nur gegen Unrecht revoltiert nach Verlautbarung der Revolutionäre. – Der Gesprächspartner überlebte nicht. Er soll nach offizieller Meldung in einem Krankenhaus an Herzschlag gestorben sein. Vertraute meinten leise, eine Kugel habe sein Herz durchbohrt.

Unser Minister arbeitete weiter an den Problemen seiner Zeit innerhalb der Zuständigkeit seines Amtes. Wie pflegte er die Zuständigkeit, wie mied er den Begriff der Gegenseitigkeit. Er war doch für ein, sein Land tätig und nicht für ein anderes. Er war einer der höchsten politischen Beamten seines Landes. Über den Weg der Partei, wie die meisten Minister. Auf Vorbildung, Ausbildung kam es nur scheinbar an. Auf angebliche Persönlichkeit wurde abgestellt im politischen Ämterschacher. Da gab es Intrigen, Absprachen, Bestechungen, Manipulationen, Verrat. Eben richtiges politisches Spiel. Das ist Leben, reales Ringen. Nicht mit der Faust, den Armen und Beinen – nein, mit Köpfchen, List, Anpassung, rechtzeitig ins Blickfeld geraten mit Ansichten, die den Kabinettsmitgliedern und den Parteichefs, auch den eigenen, gefallen. Man muß als der Geeignete erscheinen oder politisch Glück haben, weil sich im Moment kein anderer finden läßt.

Als Minister bekommt man ein Ressort, seinen Geschäftsbereich und hat seine Mitarbeiter. Die richtigen Mitarbeiter halten ist das Wichtigste. Deswegen kann ein Minister genauso Justiz- wie Innen-, Außen- oder Verteidigungsminister sein. Es genügt einfacher Menschenverstand, Parteibuch und Selbstvertrauen. Freilich ist es optisch vorteilhaft, wenn ein Justizminister Jura studiert hat und ein Verteidigungsminister wenigstens Reserveoffizier ist, ein Verkehrsminister Führerscheininhaber und ein Gesundheitsminister Dr. med. Diese Optik wird meist gewahrt, muß aber nicht sein! Wegen der eingespielten Mitarbeiter, die oft mehrere Minister überleben. Ach, das Ministeramt ist gar nicht so schwierig und unangenehm. Ein wenig Cleverness, keine Hemmungen, keine Charakterkonflikte, möglichst ein gutes Verhältnis zu den Medien und freundlich zu jedermann. Menschliche Ausstrahlung. – Für Repräsentation sorgt der Bürovorsteher, der stille Vertreter. Pompöses Arbeitszimmer,

Klasseautos, Festivitäten – notwendiger Kleinkram, aber den erledigen die zahlreichen Mitarbeiter. Die Bedeutung eines Ministers erkennt man nicht am Ressort, sondern an der Zahl der Mitarbeiter, Untergebenen. Ein Außenminister hat deren viele schon wegen der Vertretungen im Ausland. Botschaften, Generalkonsulate, Konsulate. Unvermeidliche Institute und begehrte Arbeitsplätze zur Lösung der Außenministerprobleme.

Es sollte aber nicht für jedes Problem gleich einen Ministergehilfen geben. Nur für wesentliche Gebiete. Wesentliche Gebiete sind aber Sache des Parlaments, der Abgeordneten. Vielleicht gibt es auch einmal ein Abgeordnetenministerium und einen Parlamentsminister. Sein Ressort: Überwachung der Abgeordneten, Sorge für ihr Wohlbefinden und Wohlverhalten. Gewissermaßen eine Organisationsspitze aller Parteien, ob sie reagieren oder opponieren. Der Parlamentsminister verwaltet 600 – 700 Volksvertreter. Ein Superministerium und viele Arbeitsplätze, vom Parlamentssekretär bis zur Putzfrau. Herrlich, so ein Unternehmen. Fast wie in der Wirtschaft mit dem Vorteil, daß das Ministerium nichts erwirtschaften muß, aber der zugeteilte Etatsteueranteil aus der Produktivität der Staatsbürger verwirtschaftet werden darf. Das ist schnell getan. Bei der nächsten Legislaturperiode wird der Minister alles erklären, warum sein Ministerium mehr Geld braucht. Wenn er seine Aufgabe geschickt vorstellt, sollte der Steueranteil höher sein. Ach, mit dieser Haushaltsaufgabe ist eine Legislaturperiode schon ausgefüllt. Der Haushaltsplan der Regierung ist ja auch das Wichtigste. Geld – bleibt eben das Wichtigste! Gleichgültig, wer regiert! Das Parlament wird vielleicht vom Ältestenrat und dem Parlamentspräsidenten regiert, wer weiß!

Aber ein Außenminister hat schon eine besondere Aufgabe. Er muß das Image seines Landes im Ausland pflegen. Eine diffizile Arbeit, nervtötend. Immer daran denken, was sagen die anderen über uns? Schon die Frage: Wer sind die anderen? Das Ausland, die Nachbarschaft, die Zeitungen? Auf jeden Fall können es nur Menschen sein. Es ist nicht bekannt, was sonst denkt, spricht, schreibt und seine Meinung vertausendfachen kann über Presse, Rundfunk, Fernsehen. Nicht das Ausland, nicht die Nachbarn, nicht die Zeitungen reden, sondern Menschen dort im Ausland, in der Nachbarschaft, in den Medien. Da hat keiner eine Übersicht. Da muß man die Spuren suchen nach dem Geist der geschriebenen und gesprochenen Worte und nach den Urhebern des Geistes. Wer macht den Geist, der das Image meines Staates, meines Volkes bestimmt? Das ist das Problem, die zu lösende Kernfrage. Der Außenminister löst sie nicht. Er soll nicht, weil er vielleicht jemandem im Ausland weh tun müßte. Ein Diplomat macht das nicht.

Wie sagte Goethe im Faust: „Was ihr den Geist der Zeiten heißt, das ist im Grunde der Herren eigener Geist, in dem die Zeiten sich spiegeln."

Sehr richtig, aber wer sind die Herren und ihr Geist? Da war ein Ereignis, zu dem offenbar Leute sich an die Goethe-Definition erinnerten, sie zu verstehen begannen.

Das Ereignis: Ein Gericht in Deutschland verurteilt einen wegen Volksverhetzung. Bei Abwägung der Strafzumessungsgründe wird der Angeklagte persönlich gut beurteilt. Die Strafe – ein Jahr auf Bewährung. Seine Tat, er bezweifelt oder verneint gar den Holocaust (englische Bedeutung: Brandopfer, Massenmord durch Verbrennung). Gemeint ist die 6-Millionenfache Vernichtung von Juden durch die Deutschen. So heißt es kurz. Aber Täterfeststellung gehört in die Zuständigkeit der Justiz oder auch des Innenministers. Für den Außenminister ist indessen die Wirkung des Urteils im Ausland bedeutsam. Es ist eine Frage des Images, des Ansehens seines Landes. Wie kann ein Urteil, noch nicht einmal rechtskräftig, also noch prüfbar, abänderbar durch die nächsten Instanzen, wie kann ein solches Urteil, das unabhängige Richter aus dem Inbegriff der Hauptverhandlung nach bestem Wissen und Gewissen zu fällen haben, einen solchen Sturm der Kritik in der Auslandspresse auslösen? Was für ein eigener politischer Zeitgeist spiegelt sich da wieder? Weltgeist, politischer Zeitgeist, Volksgeist, Herrengeist, Herrschergeist? Woher? Von wem gemacht? Auch Minister sind unwissend. Kennen sie die Macher in oder hinter der Presse? Minister werden verrückt, wenn sie nicht zu systematischem, gelerntem, geübtem Denken zurückfinden, schrittweise vorgehen, in anerkannten Begriffen überlegen können. Einer versucht es in Ruhe. Er läßt sich Zeit. Logische Gedanken brauchen Zeit.

Ein schwebendes Gerichtsverfahren darf nicht beeinflußt werden. Von niemandem. Die Beteiligten am Verfahren haben ihre Rechte, die sie wahrnehmen nach ihrem Können und Wissen. Die Urteilenden in einem Verfahren haben sich sachlich zu verhalten, schon um nicht wegen Befangenheit abgelehnt zu werden. In manchen Ländern werden Geschworene von der Außenwelt abgeschirmt, um nicht irgendwelchen Einflüssen zu unterliegen (Presse, Rundfunk, Fernsehen, Bekannte) bis sie ihr Urteil gefällt haben.

Wer und warum schreibt im Ausland über ein Urteil eines Gerichtes in einer deutschen Stadt? Soll die 2. Instanz beeinflußt werden noch bevor sie verhandelt hat? Wer hat Interessen, Richtergeist einem Zeitgeist anzupassen?

Die Holocaust-Tatsache ist in Deutschland mit Gesetzeskraftwirkung festgestellt. Wer bestreitet, verstößt gegen Gesetz. Deutsche Richter kennen die Gesetze. Wollen die Kritiker des noch nicht rechtskräftigen Urteils nur eine höhere Strafe oder wollen sie in der Welt verbreiten, die Deutschen sind von dem Holocaust doch nicht so überzeugt, wie sie müßten. Nun ist Überzeugung ein nicht sichbarer, geistiger Vorgang. Wer Überzeugung fordert, will die geistige Haltung bestimmen. Politischer Zeitgeist und innere Überzeugung einzelner Bürger stimmen aber durchaus nicht stets überein. Ein Zeitgeist sollte aus der Überzeugung der einzelnen Menschen entstehen, aber nicht von Mächtigen, von Machern diktiert werden. Ein diktierter Zeitgeist ist oft nicht der Menge Meinung. Die Menschen denken oft kritischer als die Politiker es gern haben. Doch keine Abschweifungen vom Problem. Der Holocaust steht in Verbindung mit den Deutschen. Ob andere Völker an Juden und anderen Rassen Mord begingen, steht nicht zur Debatte. Niemand kann sich wegen seiner Unrechtstat entschuldigend auf die Unrechtstaten anderer berufen.

Den Deutschen wird der Holocaust angelastet. Prüfen wir das. Den Deutschen. Zunächst kommen ja nur die Deutschen in Frage, die die Morde angestiftet haben oder als Täter oder Mittäter ausführten. Auch solche, die von bevorstehenden Morden wußten und sie nicht anzeigten oder verhinderten. Da dieser Täterkreis, diese Mörderschar im einzelnen offenbar nicht ermittelt werden kann oder nicht ermittelt wurde, aber vorhanden gewesen sein muß, wird von den Deutschen schlechthin als Täter gesprochen und allgemein das deutsche Volk mit den mordenden Deutschen gleichgestellt. Das bedeutet: Das gegenwärtige deutsche Volk war und ist der Täter. Eine solche Täterbestimmung ist nicht nur nach dem Gesetz der Logik und allgemein gültigem juristischen Täterbegriff falsch, sondern ist im höchsten Maße auch ein Verstoß gegen die politische Moral. Es liegt eine Verallgemeinerung und Übertreibung des strafrechtlich gültigen Täterbegriffes vor, die sich weder der Einzelne noch die Gesamtheit der Bürger des deutschen Volkes gefallen lassen muß. Der Holocaust wurde von Deutschen verbrochen, nicht aber von allen Deutschen oder gar dem deutschen Volk. Der deutsche Staat als juristische Person –

gedachte rechtsfähige Gestalt – ist nie Täter. Gedachte Figuren oder rechtliche Organisationen gelten zwar als Rechtssubjekt, sind aber nicht handlungs- und tatfähige Menschen. An dieser Realität kommt keine Denkweise, kein Gutachter, kein Historiker, kein Politiker, kein natürlicher Mensch vorbei. Wer aber daran vorbei, darüber hinwegkommen will, sind die Macher des politischen Zeitgeistes. Betroffene, Angehörige der Opfer des Holocaust, Beschuldigte haben Anspruch auf Klarheit und Wahrheit. Tote schaffen Erinnerung, und Tatsachen werden Geschichte – aber Tote reden nicht mehr – in Ewigkeit.

Wer redet und zu Recht reden darf, sind die Überlebenden, mit welcher Staatsbürgerschaft auch immer: Angehörige der Opfer, Glaubens- und Rassegenossen. Auch Täter, Verdächtige, Unschuldige haben das Recht zur Rede, Anspruch auf rechtliches Gehör. Selbst wenn sie zu Mitgliedern verbrecherischer Organisationen rechtskräftig gezählt werden sollten.

Die Menschen haben die Pflicht zur Wahrheit über Täterschaft, Tatumfang, Tatart, Tatort, Taterfolg. Auch das ist Menschenrecht – auch der Widerstand gegen einen gemachten, zweckgerichteten Zeitgeist ist Menschenrecht, wo und wann auch immer ein gemachter Zeitgeist weht.

Der Widerstand ist im Menschenrecht der freien Meinungsäußerung begründet, und alle Meinungsäußerungen bleiben der Wahrheit verpflichtet. Die objektive Wahrheit ist sicher Idealverlangen, ständig erstrebt, aber selten in der Geschichte erreicht. Die subjektive Wahrheit ist im Grunde dann vorhanden, wenn ein Mensch nach bestem Wissen und Gewissen das bekundet, was er für tatsächlich mit seinen Sinnen festgestellt hält. Wahrheit ist eine Tatsache, die gesucht und gefunden werden muß. Wahrheit als Tatsache ist nicht deutungs- und auslegungsfähig. Was die Wahrheit so schwierig macht, ist die Tatsachenfeststellung im einzelnen wie im gesamten. Das gilt im täglichen Leben wie in der Geschichte. Diese Schwierigkeit der Tatsachenfeststellung ist der Nährboden für den Zeitgeist, die Chance für die Zeitgeistmacher. „Der Herren der Zeiten eigener Geist, in dem die Zeiten sich spiegeln." (Geothe)

Widerstand gegen gemachten Zeitgeist ist politisches Spiel. Politiker und Journalisten können den Zeitgeist beschreiben, klären, seine Hintergründe erhellen und damit seine Wirkung bestimmen. Gleiches gilt für Historiker, Künstler und Lehrer aller Prägungen und dem einzelnen Bürger, der in den Medien zu Wort kommt und auffallend davon Gebrauch macht.

Zeitgeist ist politischer, oft religiöser Natur und hat nichts mit dem Schlagwort „Volksseele" zu tun, auch nicht mit Massenseele. Ein Volk hat keine Seele, nur die einzelnen Menschen. Masse ist das Volk auch nicht, es kann nur gelegentlich Mengen bilden. Auch mit Trend und Tendenz ist der Zeitgeist nicht zu verwechseln. Trend und Tendenz sind Richtungen, Neigungen, statistisch erfaßbare Entwicklungen auf dem Konsummarkt. Mode und Sport, Musik kennen genauso Trends wie Alkoholismus, Drogensucht und Kriminalität. Trend ist Anpassung an Neigungen anderer, mitmachen, nachäffen. Kein besonderer geistiger Aufwand, mehr geistige Armut, Bequemlichkeit, Leichtlebigkeit, scheinbare Vitalität, Schau, in Wahrheit Langweile, Aufgaben- und Ernstlosigkeit. Nicht bei den Organisatoren und Geschäftemachern, sondern bei den Kunden, Teilnehmern, Mitläufern, Opfern. Trend und Tendenz sind zeitlich absehbar, werden von den Trend-Tendenzproduzierenden kalkuliert im Umsatzdenken.

Auch die Zeitgeistproduzenten kalkulieren aber mit anderen Mitteln und Zielvorstellungen. Ihr produzierter Zeitgeist soll Dauerwirkung erzielen. Die Grundlage ihres Zeitgeistes, insbesondere ihre politischen Wertungen, sollen fortwirken, gegebenenfalls Schuldbewußtsein erzeugen. Es darf keinen Schlußstrich, keine Verjährung einer Schuld geben. Vielleicht verzeihen, aber vergessen nie. Eine gewollte „Moralisierung" des Zeitgeistes aus Gründen der Machtausübung mit politischem Zweck und wirtschaftlicher Absicht. Schuldbewußtsein macht gefügig. Es löst Hilflosigkeit aus und verdichtet sich zu ewigen Forderungen der Zeitgeistschaffer. Zeitgeistschöpfer wäre eine verfehlte Andeutung an „Schöpfung": Mit der Schöpfung, der Erschaffung der Welt, haben politische Zeitgeistmacher – die Herren der Zeiten – wahrlich nichts zu tun. Sie sind nur Menschen, nur Geschöpfe der Schöpfung. Gelungene oder auch nicht. Jedenfalls fürchten sie das Ende ihres gewollten Zeitgeistes. Sie begründen logisch. Taten, Tatsachen sind der Verjährung gar nicht fähig. Sie werden Geschichte und bleiben Feststellung. Ein geistiges Bild, das in Menschenhirnen fortbestehend gehalten werden kann, soll und wird. Das ist ein Teil des Zwecks ihrer Zeitgeistschaffung, Zeitgeistproduktion. Der andere Teil ist die Nutzung der Zeitgeistproduktion, der reale Effekt, der wirtschaftliche und politische Gewinn.

Eine historische Schuld verjährt nicht, sie lebt wie Geschichte fort. An die Geschichte erinnern Zeitgeistmacher. Sie verzeihen, aber vergessen nicht. Ist doch human, diese Nutzen bringende und sollende Beharrlichkeit, dieses nervende Wiederholen.

Zeitgeist muß die Menschen erfassen, beeinflussen, überzeugen, damit die äußeren Verhaltensweisen im Menschendasein in die Richtungen laufen, die zeitgeistgemacht sind.

Die Macher setzen alle Mittel ein: geistige, körperliche, seelische! Alles! Zur Dominierung ihres politischen Zeitgeistes.

Alles ist Menschenwerk, auch Zeitgeist, ob aus dem Geist unserer oder anderer scheinbar Mächtigen. Das behalten die wahren Mächtigen im Auge. Unser Zeitgeist muß weltumfassend werden. Die Macht geistiger Strömungen, das Verbreiten bestimmter Denkinhalte in den Hirnen möglichst vieler, aller Menschen ist oberstes Ziel. Das ist gar nichts Neues. Dieses Ziel ist Urwille der Menschen, ob Religionsstifter, Heerführer, Staatenlenker, Politiker – Herrschaftsbeginn ist das Verlangen, daß Menschen Vorgedachtes als richtig anerkennen. Das Denken – das gleiche Denken ist ein Zustand, der sich in Macht umformen läßt, und Macht ist wirklich alles. Macht ist irdischer Gott, der Weg dahin das Geld, dieses vollendestes Schmiermaterial allen Treibens. Wenn man die Macht des Geldes in seiner Umlaufgeschwindigkeit erhöht, könnte man mit wenig Geld die ganze Welt kaufen – nur auf die Geschwindigkeit kommt es an. Wir werden schneller auf allen Gebieten. Geldumlauf in Lichtgeschwindigkeit! Wir sind dran! Die Elektronik und die Börsen – laßt uns Macher nur machen. Auch der Zeitgeist muß eine hohe Umlaufgeschwindigkeit erreichen. Unsere Medien sind dran, laßt sie nur machen. Schließlich sitzen in und an allen wichtigen Punkten der Welt unsere Leute, Leute unseres Zeitgeistes. Nur eines kriegen wir nicht so recht in den Griff. Die Zeitgeistmacher stöhnen: die Natur, das Wetter, die Naturkatastrophen wie Erdheben, die Unwägbarkeiten im Weltall. Da sind wir machtlos. Da hilft auch unser Zeitgeist nicht. Schade!

Aber so schlimm sehen wir das nicht. Wir bleiben ja auf der Erde, dem Boden. Da bewegen wir die Hauptfiguren, die Menschen. Die Menschen flüchten doch nicht ohne Gründe. Da steckt doch Geist dahinter. Wer macht die Flüchtlinge? Wer bewegt denn die Menschen? Der Geist, der unzufriedene Geist, die Unzufriedenheit – sie schafft Bewegung. Zufriedene verharren, Unzufriedene marschieren in Richtung Zufriedenheit, Wohlstand. Auch das ist Menschenwerk. Was entsteht daraus? Bewegung – Menschenbewegung! Die Länder, die Staaten, die

Erde gliedern sich neu in Einwanderungs- und Auswanderungsländer. Das ist politischer Zeitgeisterfolg – von Zeitgeistmachern, kleinen.

Die großen Zeitgeistmacher denken weiter. Sie denken an Unterwanderungsländer. Die Idee der Unterwanderung ist so einfach, daß sie meist nicht erkannt wird. Wie Einfaches überhaupt.

Unterwandern heißt sich einschlängeln, einmengen, unauffällig, bis das politische Wanderziel erreicht ist, nämlich die geistige, heimliche Machtergreifung. Weltzeitgeistpolitiker bedienen sich der Unterwanderung. Ein Staatsgebilde soll beherrscht werden. Nicht durch auffällige Machtübernahme. Geistige, kulturelle und wirtschaftliche Führungspositionen, die die regierende Staatsführung nicht besetzen will oder kann, werden eingenommen. Die Mächtigen aller Länder treten heimlich in Verbindung. Die Unterwanderung ist schwer feststellbar. Sie wird von den Urhebern genial und geheim geleitet.

Es werden Ströme von Flüchtlingen gezählt. Offiziell und inoffiziell, unter ihnen Terroristen und Kriminelle. Sie haben ihre Aufträge und Funktionen, werden mit Geld und Material, ob Drogen oder Waffen, versorgt. Die Politiker sind machtlos. Sie planen, suchen Hilfe, übergreifende Polizeiorganisationen, sie suchen und reden, und der Unterwanderungsstrom fließt, und keiner denkt mehr an das Völkerrechtsprinzip der Gegenseitigkeit. Bei Unterwanderung ist diese Prinzip aus den Angeln gehoben, wie das Unterwanderungsland aus den Angeln gehoben wird. Das braucht natürlich seine Zeit. Aber eines Tages – nur Geduld – sind die Zugewanderten an der Macht. Die Einheimischen sind entweder verstorben oder ausgewandert. Das Unterwanderungsland greift zwingend zur Form der begrenzten Einwanderung, zur Normalität unter neuen Oberhäuptern.

Nur Bewegung, Umlauf ist gefragt in der zeitgeistlichen Richtung, wie die Urheber sie wollen, die Weltherrscher. Eine wunderbare Tätigkeit, ein Gefühl der Größe, göttlichen Größe, des Ausgewähltseins. Es gibt kein Aufhalten. Das Zeitgeistsystem läuft. Ethnische Vernichtung ohne Krieg durch Wandern, Unterwandern. Eine klassische, rassige Idee.

15. KAPITEL
ZUM MENSCHEN GIBT ES KEINE ALTERNATIVE

Flüsse und Berge kann man verändern,
nicht aber die Menschen.

Chinesisches Sprichwort

Zu Menschen gibt es keine Alternative, keine Wahl, keine Entscheidung. Sie werden geboren, schicksalhaft in eine Gemeinschaft. Bei den sogenannten „Singles" – deutsche Sprache wird ja zeitbedingt abgewählt – bei alleinerziehenden Müttern oder Vätern ist die kleinste Gemeinschaft die von Mutter oder Vater mit Kind. Die nächst größere ist die Familie, Vater, Mutter und Kind. Aus Tradition und Ordnungsprinzip mit Trauschein. Aus Weiterentwicklung, offenbar zeitgeistlichem Fortschritt ohne Trauschein.

Ein Kind kann auch mit künstlicher Befruchtung zur Welt gebracht oder von einer Leihmutter geboren werden. Wissenschaft ist auf dem Gebiet der Medizin weit fortgeschritten. Medizin hat ja wohl auch eine Geschichte von Beginn der Menschheit an. Das ist einige tausend Jahre her.

Ein Kind kann adoptiert werden, um eine Familie zu gründen. Ausnahme: Lesben und Homosexuelle dürfen keine Kinder adoptieren. Auch nicht in Schweden. Irgendwo beginnt auch bei Schwulenehen offenbar eine Moralisierung oder natürliche Einsicht. Wer keine Kinder zeugen kann, kann auch nicht erziehen – oder? Ist ein Verbot der Adoption von Kindern durch widernatürliche Ehen zwischen gleichgeschlechtlichen Menschen

eine letzte Spur von naturnaher Natürlichkeit gesetzbe-
stimmender Politiker und Meinungsmacher? Ein Silber-
streifen am Horizont bürgerlicher Moral?

Die weitere Gemeinschaft, natürliche, schicksalhafte,
ist die Sippe. Die ist eingegliedert in die Gemeinde und
schließlich in das Volk oder in den Staat. Der stellt eine
politische Gemeinschaft dar. Der Schöpfer schuf den
Menschen, der sich zu Völkern vermehrte. Staaten, Länder, Nationen und Reiche organisierten die Menschen.
Die Herrschertypen unter ihnen, unterstützt von ihren
Dienern und Knechten, sind die Organisatoren. Eine
Ordnung der Übersicht wegen.

Es ist so logisch einfach: Viele Menschen brauchen viel
an Wohnung, Kleidung, Nahrung und schließlich auch
an Bildung. Geist ist gefragt, wird aber nur von wenigen
gepflegt. Geist verlangt keinen besonderen Aufwand. Er
ist im Wachstum inbegriffen. Man muß ihn nur nutzen
über die Sorge ums Dasein hinaus. Was andere denken,
ist nicht entscheidend. Jeder denkt für sich allein. Es ist
das Notwendigste für den täglichen Bedarf. Ein „Dar-
überhinausdenken" ist schon ein Schritt zur Führungsei-
genschaft, zum Herrschen. zur Macht.

Weiterdenken ist eine Voraussetzung zur Macht. Vielleicht die wichtigste. Weiterdenken heißt mehr erkennen
als andere, bringt mehr Wissen. Wer mächtig werden
will, muß Mehrwissen, Geheimwissen pflegen. Die Menge darf nur das wissen, was die Mächtigen ihr an Wissen
zubilligen. Eine ständig wiederkehrende Methode der
Politik, der Machterhaltung. Wie für Wissen, Nachrichten wegen des Machtwertes, operiert, manipuliert, spekuliert und bezahlt wird, ist weltweit nicht kontrollier-
bar. Nachrichten sind oft schnell überholt, veraltet. Die
Übertragungsgeschwindigkeit bestimmt die Wertstufe
von Nachrichten. In dieser Turbulenz der geistigen Produktion sorgen Herrscher für Überblick. Das ist ihre
Stärke, Methode, ihr Können oder ihre Kunst.

Das hat mit Bildung – Schulbildung – Universitätsbildung – nichts zu tun. Dieses angelernte Wissen unterscheidet sich von dem Wissen um Tatsachen, Geheimnisse, wirtschaftliche und politische Vorgänge wie die Nacht vom Tage, die Sonne vom Mond. Es sind verschiedene Arten des Wissens: Bildungs- und Allgemeinwissen und politisches Herrscherwissen sind jeweils Wissen auf verschiedenen Ebenen unterschiedlicher Inhalte.

Herrscher brauchen Tatsachenkenntnis, möglichst umfangreich und heimlich. Das fördert den Abstand zu den Unwissenden, Ununterrichteten. Insiderwissen ist Macht. Dafür wird bezahlt. Ein Heer von Agenten und Spionen gehört zur Nachrichtenbeschaffung als Herrschaftsmittel. Keine Besonderheit, keine Neuheit. Das ist so, und das bleibt so. Welchen Wert Insiderwissen hat, wissen nur Eingeweihte. Der Bürger weiß, daß es so etwas gibt. Das genügt, da weiß er schon viel. Will er mehr Einzelheiten wissen, muß er sich zunächst Gedanken machen darüber, in welcher Staatsform er lebt. Die Unterschiede der Staatsformen lassen differenzierten Umfang der Unterrichtung des Bürgers zu.

Die im Laufe der Zeit etablierten Staatsformen sind im wesentlichen Diktatur und Demokratie. Die Diktaturen scheinen zum Scheitern verurteilt. Die anonymen Auserwählten, die jeweils Oberen der Welt, halten nichts von Herrschertypen, die sich nichts sagen lassen und sich auch nicht vor anonymen Weltbeherrschern beugen wollen.

Die Diktatoren betrachten sich als selbständige, eigene Götter, autoritäre, monokulturelle Rassisten. Sie grenzen sich ab, wollen sich nicht in die Karten sehen lassen und streben nach Unabhängigkeit, Autokratie in jeder Hinsicht – geistig, wirtschaftlich, kulturell. Sie beherrschen ihr Land und Volk körperlich, seelisch und geistig.

Den auserwählten, anonymen Herrschern gefällt das freilich nicht. Diese „Götter neben mir" müssen weg. Sie werden beseitigt werden. Das ist eine langfristige Planung, wie Weltherrschaft eben eine langfristige Aufgabe ist. Die Welt dauert ja auch wohl noch eine Weile, selbst wenn Religionsapostel auch heute noch den Weltuntergang für einen bestimmten Zeitpunkt voraussagen. Der Schwachsinn, Zukünftiges voraussehen zu wollen, ist menschlich. Schwachsinnige sind unter uns, auch das ist menschlich. Alles Menschendenken und -tun bleibt menschlich.

So ist auch menschlich, daß der Mensch frei sein will. Wovon? Von Bevormundung, Erziehung, Verdummung, Marschordnung. Er will sein eigenes Leben führen – dieser Phantast!

Eigenes Leben biologisch muß er führen, ob er will oder nicht. Er stellt sich aber unter eigenem Leben ein freies, ungebundenes Tun und Lassen vor. Freiheit – dieses Schlagwort – woher mag es nur kommen?

Die Antwort mögen Doktoranden suchen. Die Freiheit, die der Mensch jetzt meint, zielt auf Bindungslosigkeit ab. Doch Ungebundenheit des Menschen gibt es nicht. Er ist gebunden an sein Herkommen; Mutter, Vater, Sprache, Umgebung, Sippe, Heimat, Volk – ob er gebunden sein will oder nicht. Freiheit ist eine innere, geistige Haltung, kein Zeitgeist von außen, keine Willkür.

Freiheit – der Mensch ist frei und wenn er in Ketten geboren sei. Geist kann nicht in Ketten gelegt werden. „Niemand ist frei, der über sich nicht Herr ist." (M. Claudius) „Mancher wähnt sich frei und sieht nicht die Bande, die ihn schnüren." (F. Rückert)

Weder in der Diktatur noch in der Demokratie ist die wahre, innere Freiheit des Menschen in Frage gestellt. Frage ist das Ausmaß der äußeren Freiheit. Da weisen Diktaturen und Demokratien wesentliche Unterschiede aus. Äußere Freiheit – die Freiheit, die die Schreier der Freiheit meinen ohne meist ihre innere Unfreiheit zu kennen oder darüber nachzudenken, ist eine Freiheit rein materiellen Charakters, wirtschaftlicher Vorteile. Freiheit wollen diese Freiheitsapostel im täglichen Leben, ohne an die Kosten dieser Art Freiheit zu denken. Frei leben auf Kosten anderer ist Willkür, Ausbeutung, kriminell. So verhalten sich denn diese Freiheitsapostel oft auch. So sehen sie aus, und so terrorisieren sie andere. „Ich will alles und zwar sofort", dröhnt es in den Hirnen, die sie naturgegeben besitzen, aber nicht zum sachlichen Denken nutzen können – mangels Denkfähigkeit. In Diktaturen wird der äußere Lebenslauf genormt und überwacht. Freiheitsbeschwörer „ich will alles und zwar sofort" leben gefährlich. Die Diktatur eliminiert sie still und heimlich.

Die Demokratie verspricht Freiheiten. Das Volk soll frei sein in jeder Richtung – geistig, kulturell, sexuell, politisch und vor allem wirtschaftlich. So frei, daß es freier gar nicht mehr geht. So frei, daß es nur Rechte, Ansprüche und Forderungen erhebt. Die Demokratie ist von dem Willen zur Freiheit beseelt, weil eine Demokratie offenbar nur edle Menschen beherbergt. Sie beachten und besitzen Menschenwürde. Kennen ihre persönlichen Freiheitsrechte, ihre Gleichheit vor dem Gesetz. Die Gesetze machen ja edle Mitbürger, Demokraten aus dem Volk für das Volk. Dieses übt Glaubens-, Gewissens- und Bekenntnisfreiheit und vor allem das Recht der freien Meinungsäußerung aus. Es macht von der Versammlungs- und Vereinigungsfreiheit regen Gebrauch.

Brief-, Post- und Fernmeldegeheimnis werden respektiert, die Freizügigkeit praktiziert und die Berufsfreiheit mehrfach geübt mit staatlicher Ausbildungsförderung. Das Wonnegefühl erfaßt den ganzen freien Menschen in der Demokratie. Wenn man noch die Freiheit des Gewissens mit der Waffe für die eventuelle Erhaltung der Demokratie erlangen kann, dann erscheinen die Personen und gerieren sich als Persönlichkeiten. Person und Persönlichkeit ist doch gleich.

Die Bürger in ihrer Demokratie gehen an ihren Freiheiten allmählich zugrunde. Pflicht, Charakter, Moral werden hohle und verhöhnte Werte, Worthülsen, Scheinbegriffe.

Sex und Porno haben Blütezeit, Schwule und Lesben fordern Gemeinschaftsrecht, Ehefähigkeit. Als anständige Einzelperson sind sie in keiner Weise benachteiligt. Sie wollen aber mehr. Sie wollen Eherechte, Wertung als Familie. Diese gewachsenen Institutionen stehen unter dem besonderen Schutz der staatlichen Ordnung. Die Logik der Schwulen und Lesben: Wir sind natürlich gewachsen. Ehe und Familie sind juristische Gebilde der Staatsmächtigen. Also muß juristisch auch die Schwulen- oder Lesbenehe zulässig sein und als anormale Institution: Die homogene Familie. Wir kaufen, adoptieren ein Kind und sind Familie! Wer kann uns freien Bürgern das verbieten? Natürlich niemand! Ein Verbot kommt aus der Vernunft und der Würde des Menschen. Aus unveränderlichen Werten des natürlichen Geschlechtstriebes mit Paarungs- und Fortpflanzungsmöglichkeit. Die Befriedigung des Geschlechtstriebes nur aus sexueller Lust ohne Zeugungsmöglichkeit schließt Ehe und Familie naturgesetzlich aus.

Der Wille und die Möglichkeit Kinder zu zeugen, ist die natürliche Grundlage der Ehe und Familie. Diese natürliche Grundlage wird juristisch geschützt als Ehe, als Familie.

Ohne natürliche Fortpflanzungsmöglichkeit gibt es keine juristische Institution Ehe und Familie. Geistig konstruierbar ist jede Gemeinschaftsform ohne Rücksicht auf Sitten, Moral, Pflichten, Begrenzungen. Juristisch ist es jedoch Willkür, jede Widernatürlichkeit zu begründen – wenn auch mit den Begriffen Freiheit, Menschenwürde, Menschlichkeit – doch wo bleibt Naturgesetzlichkeit, Natürlichkeit?

So erhalten Schwulen- und Lesbenehen zunächst den wohl nur kirchlichen Segen. Der juristische, staatliche kommt schon noch. Nur hartnäckig auf Menschenwürde, Freiheit und Recht beharren, demonstrieren. Es wäre ja noch schöner, wenn Abnormitäten und Willkür nicht menschlich wären und Menschliches nicht durch Menschen, Juristen sind doch auch Menschen, anerkannt würde. Was Pfarrer können, müssen doch Juristen, Politiker und schließlich alle Bürger auch können. Was soll denn die Menschenquälerei mit Ehe, Familie oder nichtehelichen Kindern, die wegen ihrer Qualen gerade grundgesetzlichen Schutz der staatlichen Ordnung brauchen.

Ist doch bei dieser, der Schwulen- und Lesbenlogik, dieser echten freiheitsbewußten, wirklich freien, von staatlicher Zwangsmoral befreiten Lebensart, einfach selbstverständlich. Ein Schutz durch staatliche Ordnung ist für Selbstverständliches überflüssig; freies Menschentum braucht keine Hüter!

Wahrlich, zum Menschen gibt es keine Alternative. Scheinbare Alternativen erfinden nur die politischen Zeitgeistmacher, um ihre Machtsuppe – Verdummung der Menschen – zu kochen.

Und wie sie kochen! In ihrer geistigen Küche, dem Versammlungsraum der Auserwählten. Da ist kein Problem tabu. Das Erreichen und Erhalten der Macht verlangt eigene Rezepte, Geheimrezepte, deren Inhalt nur die sich immer wieder selbst Auserwählenden bewahren. Die Wirkung der Rezepte erleben die Menschen täglich, bewußt und unbewußt.

Die Auserwählten bestimmen den politischen Zeitgeist. Sie lassen zahlreiche Politiker werkeln für die Verbreitung ihrer Geistesprodukte.

Staaten, Länder, Erdteile werden überwacht. Es wird gewichtet und gewertet. Schwerpunkte werden entwikkelt und geistige, wirtschaftliche und militärische Machtmittel eingesetzt. Diese wechseln in der Reihenfolge: Geist – Wirtschaft – Gewalt.

Machtfaktor Geist: Beeinflussung der Künste und Kultur, Bildung und Erziehung. Verbreitung, Auslegung und letztlich Verbindlichmachung von Ansichten für Volk und Staat.

Mittel und Methoden: Sie beginnen mit Kindergärten bis hin zu Universitäten. Ausbildung gewünschter Ausbilder: Lehrer, Professoren, Künstler. Zusätzliche Förderung geeignet erscheinender Personen.

Machtfaktor Wirtschaft: Handel und Gewerbe, Industrie, Landwirtschaft. Mittel und Methoden: Produktion und Vertrieb. Absatz, Umsatz durch Einsatz von Menschen und Material.

Machtfaktor Gewalt. Mittel und Methoden: Waffen und deren Anwendung. In zweckbedingten Formen und Aufgaben. Innerstaatlich: Polizei, Gerichtsvollzieher, Grenzschutz, Haftanstalten, Gefängnisse, Internierungslager, Konzentrationslager.

Außerstaatlich: Grenzschutz, Militär. Einsatz: Grenzkontrolle, Kampfhandlungen, Angriffs- und Verteidigungskriege, militärische Operationen, Überwachungen von Waffenembargos.

Alle drei Machtfaktoren wirken ineinander, greifen über, werden einzeln oder gemeinsam eingesetzt, aufeinander abgestimmt. Eine gewaltige Organisation mit Geld um Geld. Unbeschreiblich! Weltgetriebe! Bunt – für Optimisten einfach lebenserhaltend. Für Pessimisten einfach unmenschlich.

Unbeschreiblich die Begriffsvielfalt. Konstant der Ablauf der Zeit, das Kommen und Gehen der Generationen in ihren Gebieten, wie Länder und Staaten. Die Erde bleibt. Die Zeit fließt. Die Menschen bewegen sich und handeln, jeder einzelne bis er stirbt, irgendwo in seiner Position.

Rassen mischen sich. Die multikulturelle Menschheit entstand und besteht aus der Summe der Menschen, die waren und sind. Die anonymen Herrscher bleiben unter sich, pflegen ihre Rasse und Religion, ihren Glauben, ihre Identität. Sie halten diese Werte, göttliche und menschliche, mit Auserwähltenbewußtsein rein – zur Gestaltung ihrer Weltgeistidee, zur Erhaltung ihrer Macht. Derweil kommen und gehen die Generationen aller Rassen und Völker, mit allen ihren Kämpfen untereinander, gegeneinander. Die Generationen merken nicht, wie sie von dem herrschenden Zeitgeist manipuliert werden. Die Auserwählten – verbreitet, unerkannt in den Schaltstellen der Länder und Staaten der Erde, in ständiger Verbindung untereinander – bleiben weltbeherrschend. Es ändert sich nichts. Es ist nur der Fluß der technischen Entwicklung, die der Mensch als Veränderung empfindet. Dieser technische Fortschritt ist zeitbedingt und zeitplanmäßig, aber nicht zeitverändernd. Der einzelne Mensch lebt in seiner Lebenszeit, unverändert. Da hilft kein Wenn und Aber. Der Mensch lebt ohne Alternative zu sich selbst.

Der politische Zeitgeist lebt mit. Die Zeitgeistmacher pflanzen sich wie Menschen fort. Sie beeinflussen das Geschehen mit ihrer Macht, in ihrem Geist, mit ihrem Geld. Der Weltgeist weht in gewollter Weise. Die Menschen rätseln über ihn, seine Macher und ihre Anonymität.

Die Anonymen tarnen sich weiter. Sie beruhen auf den Quellen ihrer Weisheit. Als da sind:

Die Bibel: Der christlichen Kirche Heilige Schrift als offenbartes Wort Gottes.

Der Koran: Sammlung der im Anfang des 7. Jahrhunderts nach Christi dem Propheten Mohammed gewordenen Offenbarungen in arabischer Sprache als Gottes Wort des Islam.

Der Talmud: Die bedeutendste Zusammenfassung der Lehren, Vorschriften und Überlegungen des nachchristlichen Judentums. Das Ergebnis der Denkarbeit eines Jahrtausends. Begonnen im 6. Jahrhundert vor Christi und abgeschlossen im 5. Jahrhundert nach Christi. Der Talmud hat durch seine den Geist schärfende, dialektische Form entscheidenden Einfluß auf das Judentum ausgeübt.

Gottes Wort! Menschenwerk! Gott schweigt. Er redet und schreibt nicht. Er wirkt gewaltig in seiner Schöpfung, dem Weltall – im Bergmassiv wie im Atom.

Gott läßt die armseligen Menschen werkeln, ob sie sich für gottgleich, auserwählt halten oder nicht. Die anonymen Zeitgeistmacher, die menschlichen Weltherrscher schmunzeln politisch. Der nächste Wahlkampf kommt bestimmt. Die Völker wollen ihre Ordnung. Was letztlich geschieht, bestimmen wir, wir Auserwählten, anonym und mächtig.

Ein Politiker, der sich wichtig und selbstherrlich dünkt, schreibt sein Buch, sein „Gottes Wort". Die Auserwählten brechen in Gelächter aus. Kleiner Politiker! Er redet von Alternativen. Für uns anonyme Herrscher und für den Menschen gibt es keine Alternative.

Das ist unsere Macht – unser Wort Gottes. Hörst du hilfloser Mensch es immer noch nicht! Wir werden es dich lehren! Wir bestimmen den politischen Zeitgeist bis Gott – der wahre Gott – uns alle erlöst.

Erst dann sterben auch wir Auserwählte. Wir Zeitgeistformer zu irdischen Zeiten werden dann auch abgewählt. Ein Wahlkampf findet nicht mehr statt am Ende der göttlichen Welt. Alles was von den Menschen geschaffen wurde, wird zum Nichts. Gott hält seine Schöpfung in seiner Urform fest. Er kann dann sagen: „Eine neue Welt, sie werde!"

Ein Auserwählter klagt: „Ich glaube nicht, daß ER sich wieder für uns entscheidet. Ich glaube, ER hat bessere Alternativen."

Die anderen stimmen ein: „ER weiß, was für Mißbrauch wir mit seiner Gnade, Mensch zu sein, betrieben. Lasset uns beten!

Der Reue über unser Werk sind wir nicht fähig. Uns fehlt die Fähigkeit zur Wahrheit wegen dem Willen zur Macht. Bleiben wir anonym. Wir haben keine Alternative!

Lasset uns noch einmal unser menschliches Tun überdenken. Unsere Welt als Wille und Vorstellung. Seien wir einmal ehrlich. Wir unterwanderten, verloren schließlich den natürlichen Verstand. Unsere menschliche Überheblichkeit glaubte an Weltordnung und doch wußten wir, daß Ordnung nur der einzelne Mensch für sich mit sich schaffen kann. Wir nannten Ordnung, was in Wahrheit unsere Machtvorstellung, Machtdurchsetzung, unser Herrscherwille war. Seien wir offen zueinander. Der einfache Mensch will sein Dasein in Frieden, Anstand, Ehrlichkeit und Liebe durchleben und mit ruhigem Gewissen seine Augen für immer schließen. Der natürliche Mensch will seinen natürlichen Verstand gebrauchen, aber nicht mißbrauchen. Ihm ist ein Anstandsempfinden angeboren. Seine Vernunft gebietet das Natürliche, das Nützliche, gebietet das, was wir unter Recht und Ordnung verstehen sollten. Aber einige der Menschen, die Besserung, Entwicklung, Fortschritt als Vernunft ansahen, wollten in Wahrheit Dominanz, Herrschaft über ihre Mitmenschen."

Dieses Wollen, Streben, diese Gier zur Herrschaft, widersprach der Vernunft, die offenbar die Schöpfung dem Menschen gegeben hatte. Er war wohl als einziges denkendes Wesen – wie wir noch immer glauben – zu Ordnungsaufgaben fähig, zur Gestaltung seines Daseins ermächtigt. Er hat diese Ermächtigung gedeutet als Herrscherauftrag und log sich vor, seine Herrschaft sei natürliche Ordnung, gottgewollt. Schon die Unterstellung, die Machtausübung der Menschen über Menschen sei gottgewollt, ist Anmaßung. Nennen wir es richtig: Lüge. Wenn der Mensch mit Sprache, Denkfähigkeit und Vernunft ausgestattet wurde, dann um sich zu verständigen und zu verstehen, von Mensch zu Mensch – in Achtung, Gleichachtung – als Schöpfungswesen. Zu ihm hat die Schöpfung keine Alternative geschaffen. Der Mensch hat diese Schöpfertat falsch gewertet. Er hat sich als gottgleich, Vertreter Gottes auf Erden, göttliches Wesen dargestellt, statt als eines der Wesen der Schöpfung. Das Fehlen einer Alternative zum Menschen ist Tatsache, offenbar letzte Schöpfertat. Kein Auserwähltsein, Schöpfungsabschluß. Die Umdeutung als Auserwählte war so nützlich für die Machtbildung, für die Rechtfertigung unserer Machtfunktion so zweckmäßig. Diese Begründung ist so einfach, daß es keine bessere geben kann.

Hat einer der Herren noch eine Frage? Wenn nicht, dann möchte ich ihnen einmal die Ursachen, die List, die Methoden unserer Machtfunktion, die wir vor den Menschen verbergen, meine Ansichten eröffnen.

Die ungezügelte Vermehrung der Menschen zwang und zwingt zu Organisationsformen aller denkbaren Art. Der Mensch kann ja denken und organisieren. Da ich Mensch bin, kann ich immer auch nur als solcher denken. Nie habe ich versucht, Organisationsformen von anderen Lebewesen, die wir staatenbildend nennen, wie etwa Bienen und Ameisen, auch nur gedanklich für Menschen gültig zu halten. Tier und Mensch sind verschiedene, selbständige Geschöpfe der Natur, des Schöpfers – Gott geheißen. Ich bin überzeugt, daß Tiere sich nicht vermenschlichen, daß aber Menschen in ihrem Lieblingstier, ihrem „Hausfreund", menschliche Eigenschaften erkennen. Das ist eine menschliche Unart, die sich aus dem Bestreben der Menschen erklärt, bei allen Lebewesen menschenähnliche Eigenschaften zu finden. In der Medizin werden die Funktionen der Organe mancher Tiere, wie Ratten, Affen, Schweine, so menschenähnlich genommen, daß diese Tiere zu Versuchszwecken für die medizinische Forschung als besonders geeignet gelten. Ich sage Ihnen, Tier bleibt Tier, Mensch bleibt Mensch. Ähnlichkeiten insgesamt könnte man nur annehmen, wenn Tiere gleichermaßen aus Körper, Seele und Geist bestünden. Vom Körper wissen die Forscher vieles, von der Seele und vom Geist wohl nichts. Aber die Forscher „vermenschlichen" eben die Tiere und forschen deswegen auch nach deren Geist und Seele. Wissenschaftlich sicher interessant, aber für unsere menschliche Machtfunktion – für die Herrschaft des Menschen über Menschen – völlig nebensächlich. Die Herrschaft des Menschen über Tiere ist wahrlich kein Problem mehr.

Die Herrschaft von Menschen über Menschen entspricht nicht der Rangordnung von Tieren unter sich. Diese Rangordnung, wie sie der Mensch sieht, besagt allenfalls, daß Ordnung unter gleichartigen Lebewesen als Naturgesetz besteht. Dieses Naturgesetz einer Ordnung gilt für alle und alles. Da treffe ich auf den Punkt.

Im Rahmen dieses Naturgesetzes schafft auch der Mensch seine Ordnung, seine Ordnungsformen. Er bildet Völker, Länder und Staaten. Unser Ziel und unsere Aufgabe, Mächtige in den Ordnungsformen zu werden, zu sein und zu bleiben. Darüber reden wir nicht mit jedermann, sondern nur unter uns. Meine Herren, Macht kommt nicht von allein. Sie will wie alles erworben, erkämpft werden. Ich sage – wie alles – weil ich nichts kenne, das unter Menschen von allein geschieht. Sie handeln, werden tätig, irgendwie. Das läßt sich nicht auflisten. Von allein läuft nur die Zeit, das Leben – das ist Wachstum und Sterben – ab. Auf diese Naturerscheinung haben Menschen keinen Einfluß. Eine Einflußnahme ist menschlicher Ehrgeiz, auch aus Machtwillen heraus. Für unser Ziel, die Beherrschung der Menschen, ist dieser meist wissenschaftliche Ehrgeiz einzelner Menschen belanglos. Unser Machtstreben ist ausschließlich politischer Natur, ist Menschenwerk, wie Politik eben Menschenwerk ist.

Natur kennt keine Politik – sie kennt nur Werden und Vergehen ihrer Geschöpfe. Der Mensch als überzeugtes Topgeschöpf schuf Politik. Politik heißt aber – und dessen, meine Herren, müssen wir uns immer wieder bewußt bleiben – herrsche, beherrsche. Jede Behauptung, es ginge der Politik um Ordnung, Frieden, Freiheit, Gleichheit, Brüderlichkeit, ist Heuchelei, nichts als Heuchelei. Es geht um Macht, nichts als Macht. Die Herrschaft der Gleichen, der Identischen.

16. KAPITEL
DIE GRUNDSÄTZE DER HERRSCHAFT DER ANONYMEN HERRSCHER

*Die Freiheit der Meinung setzt
voraus, daß man eine hat.*

Heinrich Heine,
deutscher Dichter

Meine Herren, ich sage Ihnen aus Erfahrung und Überzeugung, frei von jeder Art Heuchelei, herrschen bedeutet:

1. sich hervorheben
2. sich distanzieren
3. sich niemals vermischen
4. seine Identität bewahren
5. sein Wissen nur an Gleiche weitergeben
6. seine Macht erhalten
7. seine Nachfolge bestimmen.

Diese sieben Grundsätze, die meine Vorfahren an mich weitergaben, verlangen Kunst und Können, höchsten persönlichen Einsatz, klaren Geist und unbändigen Willen zur irdischen Macht. Der Erfolg hängt von der absoluten Geheimhaltung ab. Vergessen Sie nie – aber auch nie – wer sich offenbart und erkannt wird, hat seine Macht aus den Händen gegeben. Er ist aus unserem Kreis der Mächtigen ausgeschieden, wird zur Marionette, zum Alltagsmenschen, der sein Schicksal machtlos zu vollenden hat. Wir Mächtigen haben kein Erbarmen mit ihm. Meine Herren, Sie schauen so entsetzt. Sind meine Thesen nicht begriffen worden? Lassen Sie mich – wir haben viel übermäßige Zeit – meine sieben Thesen erläutern –

177

als primus inter pares und zugleich der Älteste unter Ihnen.

These 1: Sich hervorheben.
Wir müssen auf Bildung, Sprache, Ausdrucksweise, Erscheinungsbild größten Wert legen. Die Mitmenschen müssen das Gefühl bekommen: hier steht ein gebildeter, gepflegter Unbekannter. Ein disziplinierter Mann, der Vertrauen ausstrahlt, ohne auch nur ein Wort gesprochen zu haben. Ein Mensch von klarem Geist und edler Gesinnung. Einfach ein Charakter. Höflichkeit und Umgangsformen müssen im höchsten Grade beherrscht und genutzt werden, ohne geheuchelt oder gar scheindiplomatisch zu wirken. – Natürlichkeit muß dem Erscheinen und Verhalten anhaften. Keine Arroganz, keine unterwürfige Bescheidenheit. Kurz – ein korrekter Mensch steht da, um Ehrlichkeit bemüht, für Güte geboren. Die Mitmenschen sollen still empfinden, dieser ist mir überlegen, er ist gelungener als ich. Sie schweigen – ich weiß, dieser Weg, sich hervorzuheben, ist nicht leicht. Wie bereits eingangs betont. Dieser Weg ist Kunst und Können, ist Arbeit an sich selbst. Selbstkontrolle – und -beherrschung in Höchstform. Sich hervorheben und anonym bleiben ist der Eingeweihten geübte List und unerläßliche Methode.

Nun zu These 2: Sich distanzieren.
Wir sind weder eingebildet, noch lehnen wir Kontakte ab. Was wir ablehnen, ist jene Verbrüderung, jenes Schulterklopfen, aus dem die Klopfer folgern, sie seien das Gleiche wie wir und sie könnten uns mit „Du" anreden oder sogar mit „Genosse" und denken dabei an „Genießer", „Mitgenießer", der gemeinsamen politischen Ziele. Solche Gleichmacher lassen wir stehen. Kein Wort zu und mit ihnen. Sie sind unserer nicht würdig. Nähe zu diesen heißt für uns Absinken in gesellschaftliche Sphä-

ren, in denen man festgehalten wird. Diese „Genossen" merken das nicht. Ihre führenden Genossen wollen und benötigen diese Umgangsform, um selbst gehoben zu erscheinen. Wir erscheinen nicht als gehoben. Wir sind es, wir sind mehr! Wir sind Auserwählte. Distanz heißt Abstand. Mit Abstand etwas sehen, heißt etwas überblicken, als Ganzes erkennen.

Denken Sie an ein großes Linienschiff, das am Meereshorizont vorüberschwimmt. Es zieht auf dem Wasser vorbei. Sie erblicken es in seiner majestätischen Eleganz und seiner gewaltigen Beherrschung der Meereswellen. Sie sehen nur eine Seite, erkennen aber mit Ihrem geistigen Auge die ganze Einheit: Luxusschiff. Ein erhabenes Bild. – Was sähen Sie aber als Gast auf dem Schiff, ohne Distanz, ohne Abstand? Sie sähen alltägliche Menschen im alltäglichen Treiben und könnten kaum Distanz halten, weil Sie mittendrin stehen, mitgeschwommen werden, eingesperrt, ob Sie wollen oder nicht. Ihr Blickfeld ist eng. Treten sie an die Reeling, sehen Sie Meer, Wasser, Wellen, vielleicht Ufer mit Häusern. Sie sehen diese mit Distanz. Ihre Phantasie malt sich ein Bild. – Aber Sie sind auf dem Schiff, das nur Menschen und vielleicht auch Waren befördert. Sie können auch Abstand zu den Passagieren und der Besatzung halten – aber es ist unnützes Bemühen. Die Reise geht bald vorbei. Die Schicksalsgemeinschaft auf und mit dem Schiff war ein gewolltes Erleben, aber kein Eingriff in die Distanz, die ich meine.

Unsere Distanz ist Abstand, Verweigern des Einblicks in unsere Privatsphäre und Verzicht auf den Einblick in die Privatsphäre des anderen. Wir sind unnahbar im doppelten Sinne: Wir nähern uns keinem und wollen auch dessen Annäherung nicht. So behalten wir unseren Nimbus, unsere Beachtung – mit Anstand und Würde. Wir gelten nicht als Person, sondern als Persönlichkeit. Wir verhalten uns aber auch entsprechend – mit Höflichkeit und Takt. Wir beachten die Umgangsformen, über die im Zweifel wir uns unterrichten oder belehren lassen. Wir sind nicht vollendet, aber lernfähig. Die Genossen, von denen ich sprach, sind erfahrungsgemäß jene Leute, die glauben, die richtigen Formen zu kennen und im übrigen stets unter Gleichen zu sein, die auch keine anderen Umgangsformen beherrschen. – Diese Denkebene ist uns fremd. Wir finden sie verächtlich, und wir werden uns mit solchen Leuten weder anfreunden noch gar vermischen. Bei dem Gedanken komme ich schon auf meine, unsere

These 3: Sich niemals vermischen.

Meine Herren, ich weiß, daß ich mich mit dem Begriff „vermischen" auf ein biologisches wie auch politisches Gebiet begebe. Biologisch ist für mich „Vermischung" das Zeugen von Kindern mit „Nicht-unseres-Gleichen". Wir wissen, wer wir sind und wer unsere Frauen sind. Darüber brauche ich kein weiteres Wort zu verlieren. Aber es wäre heuchlerisch und unwahr, wenn ich nicht zugäbe, daß uns auch andere Frauen gefallen wie unseren Frauen auch andere Männer. Irgendwie sind wir eben triebhafte Menschen, und der Trieb als solcher überlegt nicht. Auch wollen oder müssen wir sogar unseren Trieb befriedigen. Indessen dürfen die Folgen nie eine Heirat oder ein Kind mit einer ungleichen Frau sein. Das wäre für jeden von uns ein persönlicher Untergang. Ein Ausstoß aus unserer elitären Gemeinschaft. Die Gemeinschaft hätte kein Verständnis für ein solches Geschehen, und sie darf es nicht haben, wenn sie ihre Identität bewahren will. Aber gerade das müssen wir, wollen wir, weil ohne Identität ein Einzelner wie eine Gemeinschaft ein wertloses Subjekt und zwangsläufig zum Objekt anderer, identitätsbewußter Menschen wird. Identität ist für den einzelnen wie für ein Volk von entscheidender Bedeutung für seine Existenz, seinen Einfluß und seine Geltung in der Welt. Nie, aber auch nie, darf dies mißachtet werden. Die Mißachtung führt unweigerlich zum Elend und Ende des Einzelnen wie der Völker.

Wenn man sich mit dem Entstehen und Schicksal der Völker befaßt, wird man erkennen, daß die Aufgabe der Identität zumindest eine der Hauptursachen, wenn nicht der Hauptgrund des Unterganges von Völkern war. Wahrlich – eine interessante Materie – ich verstehe einen Historiker, der über diese Frage ein Leben lang forscht, dann aber wohl plötzlich zugeben muß, daß er rassistische Gedanken verfolgt. Heute, meine Herren, will ich nicht über Sinn oder Unsinn von Rassismus reden. Wir sind versammelt, um unsere Interessen, unsere Identität zu betrachten, zu vertreten, zu hinterfragen, zu diskutieren.

Ich sage – die Frage der Vermischung ist auch eine politische Frage. Sie stimmen mir zu – ich sehe Ihr Nicken. Niemand wird verhindern können, daß sich Menschen vermischen. Die Entwicklung der Technik überwindet Räume, Menschen nutzen die Technik. Sie begegnen sich in Gebieten, die sie ohne Technik, Auto, Flugzeug, nie erreicht hätten. Von den Interessen der Industrie, Wirtschaft und Wissenschaft an dem Fortschritt – wie alle Welt das nennt – will ich gar nicht reden. Jedenfalls, der Vermischung der Menschen ist jede Chance geboten. Der Mensch, der gegenwartsbetonte Mensch, nutzt die Chance. Niemand kann ihm einen Vorwurf machen. Er will leben – er lebt, wie wir alle, nur einmal. Das Schicksal stellt ihm plötzlich einen Partner in den Weg, andersrassig, anderssprachig, aber eben ein Mensch, den er begehrt. Das Begehren wird erwidert – vielleicht sogar ehrlich und ein Kind aus einer Partnerschaft, gar einer Ehe, kommt zur Welt. Das geschieht oft, öfters. Die Eltern dieses Kindes denken nicht darüber nach, was für Identitätsprobleme für sie entstehen, auf jeden Fall für das Kind entstehen

181

werden. Man lebt, glaubt glücklich zu sein – nun gut. Wir wissen, daß die Probleme folgen. Aber die es momentan betrifft, die wissen es nicht oder verdrängen es, weil sie oft reich und bekannt sind. Glauben Sie meine Herren, nicht, daß Sie einen „Star" – gleich auf welchem Gebiet – etwa belehren könnten, daß er mit der Zeugung eines Mischlings für diesen eines Tages ein Identitätsproblem und für andere eine Rassenfrage auslösen könnte. Der Star wird lächeln und sagen: Probleme gibt es nicht bei unserem Geld! Vielleicht hat er für sich sogar damit recht. Aber für uns – ich wiederhole dies – ist Vermischung ausgeschlossen, weil wir den tatsächlichen Wert der Identität für den einzelnen und für ein Volk sehr wohl kennen. Ich weiß, junge Menschen – gerade wenn sie Erfolg in ihrem Beruf, man sagt in ihrem „Job", haben – denken über Identitätsfragen nicht nach. Das war wohl schon früher so – und Kinder werden von jungen Menschen gezeugt. Wenn sie die Machtfragen in der Welt beachten würden, zeugten sie wohl nicht. Unerfahrenheit ist ein Grund zur Liebe unter den Menschen. Erfahrung ein Hindernis – so meine ich. Meine Herren. damit komme ich auf unsere

These 4: Seine Identität bewahren.
Zunächst müssen wir prüfen, was verstehen wir unter Identität. Identität kann ja nur aus dem Herkommen und dem Darinverbleiben bestehen. Das muß dem Einzelnen und damit der Gemeinschaft bewußt sein, von ihnen gepflegt werden. Das heißt aber logisch: eine konservative, eine traditionelle Ansicht zu vertreten.
Lassen Sie mich eine Beobachtung in dieser Zeit erwähnen. Die ethnische Vernichtung kleiner Völker durch Krieg ist in vollem Gange. – Balkan, Afrika, Kaukasus sind bekannt. Wer und was die Ursachen sind – ich weiß es nicht – auf jeden Fall aber Menschen. Viel weniger wird die schleichende, ethnische Vernichtung großer

Völker beachtet durch gezielte Aufgabe ihrer Identität mittels Geburtenverhinderung ihresgleichen oder Geburtenmehrung mit Nichtidentischen. Auch hier weiß ich die Ursachen nicht. Ich kann mir vieles denken und erklären. Auf jeden Fall stecken Menschen hinter einem solchen Zerstörungssystem. Ich denke dabei an die Deutschen. Ein Wirtschaftswissenschaftler – Wolfram Engels, wohl ein Deutscher – fand eine wohl treffende Formulierung: „Die Deutschen haben sich entschlossen, zur Finanzierung der Renten auszusterben und ersetzen Vorsorge durch Optimismus."

Ein Rentenstatistiker mag solche Erkenntnis haben. – Politiker sollten den Mut haben, Identität ihres Volkes mit allen ihren Möglichkeiten zu fördern, wenn ihnen ihr Volk was wert ist. Mit Diskussionen für oder gegen Abtreibung wird die Identität eines Volkes nicht gewahrt. Da bleibt die Hauptfrage der Vermischung – die wir bewußt ablehnen – ungelöst. Nun, es geht um geistige, kulturelle Fragen und Werte bei Vermischung oder nicht. Ich kehre zu meiner These zurück:

Konservatismus und Traditionalismus! Konservativ und traditionell bedeutet aber nicht, keinen Blick für Neues zu haben. Es bedeutet lediglich, Neues mit Altem zu vergleichen und deren Qualität zu untersuchen. Ist Neues wirklich besser, wird es übernommen oder mit Altem aufgebessert. Das ist vernünftige Entwicklung. Dabei bleibt Identität erhalten, weil Herkömmliches in Neues einfließt. Neues kann ohne Altes gar nicht entstehen – wenn die Gescheiten unserer Zeit es nur einsehen würden. Damit können wir aber nicht rechnen. Das ist gerade unser Vorteil, unser Vorsprung. Die modernen Gescheiten sind einfach zu eingebildet, um die Bescheidenheit der menschlichen Entwicklungsstufen erkennen zu können.

Identisch ist eine Form der Bescheidenheit. Identität will nicht mehr, nichts anderes sein, sie will sein und bleiben, was sie ist, eine unveränderte Beschaffenheit des Ursprünglichen. Leben und Sterben des Einzelnen ist notwendiger Bestandteil des Ganzen, des identischen Ganzen, der Volksidentität.

Die Identität ist völlige Übereinstimmung des Wesens, der Eigenschaften einer gewachsenen, menschlichen Gemeinschaft, einer Einheit. Die kleinste Einheit ist und bleibt der Mensch. Wenn wir nach dem Wesen dieser Einheit suchen, dann müssen wir die Bestandteile dieser Einheit erkennen und die Eigenschaften dieser Bestandteile feststellen und die Kraft ermitteln, die die Bestandteile und ihre Eigenschaften zu einer Einheit verbindet. Dann finden wir die Identität, diese Wesenseinheit. Dieses „idem" der Lateiner, dieselbe, derselbe, dasselbe.

Auf dieses „idem" legen wir Wert, seit Anbeginn. Identisch sind wir, wenn Körper, Seele und Geist gleiche Eigenschaften hervorbringen und uns dadurch zu gleichen Menschen gestalten. Unsere Gestaltung ist unsere Identität. Diese wiederum verbindet die Einzelnen zum Volk, natürlichem, identischem Volk. Diese Identitätsgestaltung ist bei allen natürlichen Völkern ein gleicher Vorgang seit der kleinsten Einheit Mensch.

Die Gescheiten unserer Zeit zweifeln, daß es die natürlichen Völker in ihrer reinen Identität noch gibt. Sie gibt es noch. Sie werden aber durch Vermischung und Vermengung, durch Bekämpfung und Vernichtung unter sich seltener. Aber ich sage Ihnen, meine Herren, das Volk, das seine Identität bewahrt, überlebt.

Das probateste Mittel der Identitätsvernichtung liefern die Politiker. Ihre Machtspiele führen zur Vernichtung der natürlichen Völker, der Identität gewachsener Gemeinschaften. Natürliche Völker haben ihre Geschichte, und sie legen gerade wegen der Identität Wert auf ihre Geschichte.

Politiker, die bei wechselnden Machtverhältnissen nicht mehr von Völkern reden, sondern vom Staat, von der Nation, wissen sehr wohl, daß sie damit für gewachsene Völker juristische, politische Begriffe setzen, weil die natürlichen Völker zerstört werden sollen oder zerstört wurden. Wodurch? Durch Vermischung, Vermengung, Völkerwanderung, Kriege und deren konstanten Wiederholungen zum Zweck der politischen Machtentfaltung, -gestaltung und -erhaltung.

In Staaten mit Völkergemisch kann man ja nicht mehr von Volksmitglied reden. Man muß zwingend von Staatsbürgern sprechen. Ein gescheiter Politikprofessor prophezeite eine neue Weltorganisation durch Bürgernationen. Er sieht nicht falsch, wenn sich die Völker kaputt machen oder machen lassen. Sicher weiß der Politikprofessor auch, daß von einer Identität eines Nationenbürgers nicht mehr die Rede sein kann. Wo nimmt da eine Nation als reines politisches Macht- und Zweckgebilde ohne Rücksicht auf natürliche Volksgemeinschaften ihre Identität her? Woher? – Auf eine Erklärung kann man gespannt sein. Sie wird sicher gefunden, ob richtig oder falsch. Viele werden sie glauben. Nur, meine Herren, wir nicht. Wir wahren unsere Identität, um die Vorteile und Macht der Identität zu erhalten.

Wer seine Identität aus Zugehörigkeit zu einem Volk ableitet, kann auf Bürgernation und Bürgerstaat getrost verzichten. Er weiß, wer er ist und wo er hingehört. Das ist doch für einen Kulturträger mehr als jeder staatliche Identitätsausweis.

Freilich – einen Personalausweis brauchen auch wir – sollte jeder Mensch haben. Ein solcher Ausweis – von wem auch immer ausgestellt – besagt über Identität, wie wir sie verstehen, gar nichts. Allenfalls über Staatsangehörigkeit, seit das Wort Bürger (citoyen) durch die französische Revolution gleichbedeutend mit Staatsbürger gebraucht wurde.

Wir leiten Identität ausschließlich von gewachsener Volkszugehörigkeit ab. Wir wissen, daß Volkszugehörigkeit auch Rassenzugehörigkeit sein kann, wenn ein Volk biologisch zu einer bestimmten Rasse gehört. Ja, Volk kann auch Zugehörigkeit zu einer Glaubensgemeinschaft, Religion bedeuten, wenn für das Volk ein bestimmter Glaube Wesensbestandteil ist.

Der Idealfall, daß ein natürliches, gewachsenes Volk mit eigener Geschichte zugleich einen Staat, frei von anderen, fremden Volkszugehörigkeiten bildet, ist wohl nach mehrtausendjähriger Menschheitsentwicklung einfach nicht mehr gegeben. Aber der Idealfall ist nicht ausgeschlossen. Er ist und bleibt ein erstrebtes, wichtiges Ziel.

Aber nun kommt die entscheidende Situation. Wer seine Identität aus einer Volkszugehörigkeit herleitet und auf seiner Identität beharrt, kann leben, in welchem Staat auch immer; er bleibt ein Volkszugehöriger. Vielleicht in der Geschichte der Völker der klassischste Fall: Angehörige des jüdischen Volkes sind amerikanische, deutsche, russische oder französische Staatsbürger. Sie verleugnen ihre Identität deswegen nicht. Das ist ihre Stärke, ihr Ansehen, ihre Bedeutung in Kultur, Wissenschaft und Wirtschaft in der ganzen Welt. Ich kenne kein vergleichbares Beispiel für die Bewahrung der Identität eine Volkes. Wenn Sie, meine Herren, eines kennen, lassen Sie es mich wissen.

Ich glaube, zur Frage der wahren Identität eines Menschen genügend gesagt zu haben. Das Herz der Identität führt dazu, daß man sich einem Identischen eher anvertraut als einem fremden Volkszugehörigen. Das scheint mir ein natürlicher, menschlicher Wesenszug. Dieser sollte gepflegt werden.

Danach ergibt sich meine, unsere

These 5: Wesentliches Wissen nur an Gleiche – an Identitätsgleiche – weitergeben.

So banal es klingt, daß Wissen Macht ist, so wahr ist diese Erkenntnis. Wenn jemand durch Wissen Macht erlangt, was liegt da näher, sie mit dem zu teilen, der mit mir identisch ist, zu mir, zu meinem Volk gehört.

Niemand weiß, wie die Welt heute aussähe, wenn dieser Grundsatz konsequent eingehalten worden wäre. Sicher scheint aber, daß vielleicht – sehr vielleicht – klarer erkannt würde, wer die wahren Weltherrscher sind. Ob dadurch die Zustände auf dieser Erde besser, nach menschlichen Werten betrachtet, wären, wer kann es wissen? Wahrscheinlich ist richtig: Es wäre alles so, wie es ist, weil so menschlich.

Niemand wird die Welt, die Menschen ändern, auch jetzt nicht. Also ändern wir auch den Machtkampf, die Machtspiele, nicht. Das bedeutet: Wer Macht besitzt. muß sie sich erhalten. So meine, unsere

These 6: Seine Macht erhalten.

Macht als Subjektiv, weltbeherrschendes Wort. Macht als Verb ist wahrlich ein Tätigkeitswort. Nun macht doch was! Macht doch schon! Wir müssen was machen – oh, diese alltäglichen Ermahnungen von allen Seiten und Stellen, wo gerade nichts gemacht wird. Und der Grund ist meist: Es fehlt das Geld. Jeder weiß es; ohne Geld geschieht nichts Machtvolles. Über die vielen menschlichen Leistungen ohne Geld spricht niemand. Sie gehen im Tagesgeschehen unter.

Schauen wir doch genau: Wo Geld ist, ist Macht. Nicht nur bei den Banken, Versicherungen, Industriegiganten, nein, auch bei Einzelpersonen. Ist einer reich, fragt keiner nach seiner Identität, nach seiner Vergangenheit. Sein Geld bringt Ansehen, Vorstrafen zählen nicht. Im übrigen, irgendwann werden sie gelöscht. Diese Beobachtungen machen wir doch alle. Man müßte aus Charaktergründen manche Reichen meiden und verachten. Man tut, man kann es nicht. Die Macht seines Reichtums hat eine verklärende Ausstrahlung, und er bewegt sich wie ein Edelmann, obwohl er ein ganz mieser Zeitgenosse ist.

Er weiß, alle ducken vor seinem Geld. Das war doch schon immer so. Die Mitmenschen waren käuflich. Es war nur die Frage des Preises, der Höhe der Geldsumme. Warum sollte es anders sein oder gar werden: Idealisten mögen glauben, es wird anders. Wir Realisten zählen zu dieser Menschengruppe nicht.

In der Geschichte gibt es genug Beispiele, wo Könige von Gaunern Geld brauchten und bekamen. Geldgeschäfte hängen ja nicht von einer Staatsform ab, sondern sind und bleiben Menschenwerk. Ob Diktatur oder Demokratie, Kaiserreich oder Republik, es bleibt dabei: „Geld stinkt nicht."

Laßt den Weltverbesserern ihren Glauben an die Besserung. – Der Tanz um das goldene Kalb geht weiter, wie man heute die Verherrlichung des Geldes oft bezeichnet. Dabei war das Goldkalb einst Kultsymbol und wurde von der bildenden Kunst als Götzendienst dargestellt.

Der Götze Geld grinst, und das Geld regiert die Welt. Schlagwortgedanken, aber wahr, fürwahr. Das Streben nach Geld mag nicht edel sein, aber Geld ist als Machtmittel unerläßlich.

Wer Macht erhalten will, muß Geld zusammenhalten und mehren. Laßt uns das wollen. Aber bedenken wir unser irdisches Ende, und deswegen denken wir rechtzeitig daran, unsere Nachfolger zu bestimmen. Das ist meine letzte These, wie ich als ein stiller, der Welt unbekannter Mächtiger sie für nötig halte. Sie ist auch unsere

These 7: Seine Nachfolge bestimmen.
Wenn Erbschaft anfällt, ist der Erbenstreit nicht weit. Also muß bestimmt werden, wo Geld und Macht hinkommen. Die Auswahl trifft der Erblasser. Er muß auch Sorge tragen, daß die Befolgung seiner Bestimmungen gesichert ist. Laßt uns ein Gremium von 7 Weisen schaf-

fen, die reinsten und überzeugtesten Identitätsträger. Jeder Erblasser hat sie zu Rate zu ziehen, wenn sein irdisches Dasein sich zu Ende neigt. Der Erblasser bestimmt nicht Frau und Kinder zu Nachfolgern in seinem Reichtum und seiner Macht, es sei denn, sie sind wirklich die Geeigneten, Macht und Reichtum zu mehren und nicht zu verschwenden. Mit Hilfe der auserwählten Weisen soll der Erblasser seine Bestimmung treffen, zum Wohle seines Volkes, zur Wahrung der Identität, die mit Geld und Macht umgehen kann. Laßt uns dies also beschließen und in Zukunft befolgen. Amen!

„Amen", murmelten die heimlich Versammelten. Sie wußten, was „Amen" heißt: „Es geschehe also." Es war beschlossen, der Zeitgeist, der würde weiter wirken.

Meine Herren, ehe wir auseinandergehen, lassen Sie mich noch ein persönliches Empfinden zum Ausdruck bringen: Einer der unseren klagte: „Sind wir nicht alle Heuchler. Wir verfluchen Rassismus, Volkshaß und Fremdenfeindlichkeit. Doch haben Gläubige eine Denkweise verkündet, die mich schaudern läßt, weil ich kein Aussterben dieser Denkweise verspüre.

Ich fragte: „Woran denken Sie?"

„An Talmud und Schulchan Aruch. Hier, lesen Sie die Verkündigungen." Er gab mit eine Notiz.

Ich las und lese nun vor:

Das Land Israel wurde zuerst erschaffen und nachher erst die übrige Welt. Das Land Israel wird mit Regenwasser bewässert, die übrige Welt mit dem Rest. (Taanit 10a)

Jeder Jude muß sich sagen: Meinetwegen wurde die Welt erschaffen. (Sanhedrin S8b)

Nur die Juden sind Menschen, die Nichtjuden sind keine Menschen, sondern Tiere. (Kerithuth 6b Seite 78 Jebhommoth 61a)

Die Nichtjuden wurden geschaffen, damit sie den Juden als Sklaven dienen. (Midrasch Talpioth 225)

Juden müssen immer versuchen, Nichtjuden zu betrügen. (Zohar I, 160a)

Meine Herren, wenn wir das glauben und so dächten und gegen Rassismus, heute, Ende des 2. Jahrtausends christlicher Zeitrechnung predigten, dann wären wir Heuchler, historische Heuchler.

Aber uns berühren diese Glaubensbekenntnisse nicht. Wir bewahren unsere Identität aus unserer Volkszugehörigkeit und achten alle Völker der Erde gleich und schätzen jeden, der den Mut zu seiner Identität aus seiner Volkszugehörigkeit aufbringt. Sein Herkommen, seine Volkszugehörigkeit zu verleugnen, um irgendwelcher Vorteile wegen, das ist Feigheit vor sich selbst. Solche – ich sage menschliche Typen – sind Versager. Sie gehören nicht zu uns, selbst wenn sie rassisch, völkisch, glaubensmäßig, einfach biologisch zu uns zählten. Sie sind des Mutes zur Identität und damit zur Macht, zum Herrschen, unfähig. Sie sind Menschen, denen eine höhere Stellung in der Machthierarchie verschlossen bleibt. Sie sind nur Gegenstand einer nützlichen Mißachtung.

An meinen sieben Thesen zur Identitätswahrung, zum Auserwähltsein für die Macht, ändert sich nichts. Jeder bekenne sich zu sich selbst und seinem Volke, dann ist ihm seine persönliche Macht und Bedeutung gewiß. Welchem Volke er auch angehören möge! Jedes Volk hat sein eigenes Schicksal.

Auf Wiedersehen zur nächsten Lageschau, nicht Tagesschau. Die ist Sache der Medien, die bereits den Zeitgeist vertreten und verbreiten, den wir machen oder zulassen.

Es ist doch herrlich, die auserwählte, nützliche Identität zu besitzen. Für diese Position gibt es keine Alternativen. Erhaben, von niemand erpressbar, souverän, anonym, allein herrschend, zeitgeistbestimmend, weltweit. Einfach herrlich!

Nur Eingeweihte, Auserlesene, Insider – um ein Modewort zu gebrauchen wissen um diese, unsere Macht! Auch wenn wir Gegenwärtigen einmal sterben werden, unsere Identität, unser Auserwähltsein, unsere Macht werden nie vergehen! Sie bleiben ewig bis an der Welt Ende! Amen!